# TARÔ

## UMA VIVÊNCIA NO CAMINHO DE SANTIAGO DE COMPOSTELA

*Rita de Cássia Lima De' Carli*

# TARÔ

## UMA VIVÊNCIA NO CAMINHO DE SANTIAGO DE COMPOSTELA

NOVA SENDA

TARÔ: UMA VIVÊNCIA NO CAMINHO DE SANTIAGO DE COMPOSTELA


Revisão: Auristela Maria Mendes Romeu
Diagramação: Décio Lopes
Foto da orelha 1: Johnny De' Carli
Foto da orelha 2: Eliana Nunes Safadi
Fotos internas: Rita de Cássia Lima De' Carli
Ilustração da capa: Cláudio Gianfardoni

**DADOS INTERNACIONAIS DE CATALOGAÇÃO DA PUBLICAÇÃO**

De' Carli, Rita de Cássia Lima

Tarô: Uma Vivência no Caminho de Santiago de Compostela/ Rita de Cássia Lima De' Carli – 1ª edição – São Paulo – Editora Nova Senda – Agosto de 2019.

Bibliografia.
ISBN 978-85-66819-29-8

1. Tarô 2. Crescimento Pessoal 3. Esoterismo I. Título.



EDITORA NOVA SENDA
Rua Jaboticabal, 698 – Vila Bertioga – São Paulo/SP
CEP 03188-001 | Tel. 11 2609-5787
contato@novasenda.com.br | www.novasenda.com.br

# Índice

# Dedicatória

Eu dedico este trabalho aos meus Pais, Antônio de Paula Lima e Clementina de Castro Lima, por todo o amor com que me acolheram nesta vida, pela dedicação e renúncia, por seus grandes ensinamentos e pela "Fortaleza" chamada Fé, que construíram em mim!

Ao Johnny De' Carli, meu marido, meu amor, meu amigo, por toda a cumplicidade, pela sua confiança e amor, demonstrados a todo o momento nas suas nobres atitudes, nos seus pequenos gestos tão somente para me fazer feliz!

Aos meus queridos e amados irmãos, Doni, Luzia, Vaninho e Jeane, não encontro palavras que expressem o meu amor por vocês. Neste trabalho que apresento, vocês estiveram comigo todos os dias, mais do que sempre, porque os carreguei dentro do meu coração e nas minhas Orações diárias!

Aos meus sobrinhos Vinicius, Danilo, Lucas, Erick, Daniel, Laura, Giovani e Gabrielle – lindas flores do meu jardim –, que Deus os abençoe todos os dias e que Mãe Maria os cubra com o seu Manto Sagrado!

*Mamãe e Papai, meu eterno Amor e Gratidão! Amo vocês!*

# Agradecimento

Agradeço a Deus por todas as bênçãos que recebo a todo o momento na minha vida!

Agradeço aos meus Amigos Espirituais que me amparam, me inspiram e nunca desistem de mim!

Agradeço de forma muito especial a todas as Forças do Universo que se movimentaram para que eu pudesse fazer esta Jornada Espiritual, concluir e deixar este registro!

Agradeço aos meus Pais, Antônio de Paula Lima e Clementina de Castro Lima, por me darem a vida, cuidarem de mim e por me amarem. Construíram em mim uma "Fortaleza" chamada Fé, que me permitiu concluir a minha Jornada Espiritual, a qual apresento aqui. Estiveram comigo, dentro do meu coração, todos os dias, ao longo deste trabalho. Por eles, estarei em gratidão por toda a eternidade com muito amor e respeito!

Agradeço ao Johnny De' Carli, meu amor e companheiro. Sem o seu apoio, sua confiança, sua resignação e paciência, sempre me esperando chegar da Caminhada e depois cuidando de mim, das minhas bolhas nos pés, ouvindo-me quando eu precisava falar tudo o que vivenciei no Caminho, sem essa grandiosidade, as dores seriam muito maiores, talvez eu não conseguisse. Foi muito generoso e demonstrou em cada gesto o seu amor por mim. Não há palavras que eu possa dizer. Somente atitudes. E eu rogo aos Céus, Sabedoria, para poder retribuir o que fez por mim!

Agradeço aos meus gatinhos, Monge, Fada, Imperador, Nina e Toulon que ficaram tanto tempo sem me ver, mas quando retornei me receberam com todo amor!

Agradeço ao Arthur Edward Waite e Pamela Colman Smith, o criador e a designer do Tarô de Rider Waite; todo o meu trabalho com Tarô é pautado no legado que eles deixaram!

Agradeço a algumas pessoas que chamei carinhosamente de "Anjos do Caminho". Foram pessoas que, ao longo do Caminho, surgiram do nada, sem que eu esperasse, e me deram alguma ajuda, a direção correta, uma palavra, um pouco de água; gestos muito simples, mas que ressignificaram e acalentaram minh'alma!

Agradeço à Adriana Córtes Pinzon, que – às vésperas de eu começar minha Jornada Espiritual – presenteou-me com uma Meditação dos Arcanos Maiores. Eu ainda tinha dúvidas de como iria desenvolver o trabalho com eles, Arcanos Maiores, no Caminho de Santiago, e, claro, ela sem saber me deu a direção!

Agradeço à Claudiane Andre de Sousa, Ivone Ferreira, Maria do Socorro Portela Oliveira (Andreza), Adélia Aparecida Silva Teófilo – funcionárias dedicadas e muito queridas. À Auristela Maria Mendes Romeu, pela revisão dos textos de forma tão generosa, à Eliana Nunes Safadi, pela foto da segunda orelha, carinhosa e gentilmente cedida. Ao Cláudio Gianfardoni pelas capas maravilhosas com que me brindou, em meu primeiro livro e também nessa obra. Ao Décio Lopes, pelo profissionalismo – e muita paciência comigo na diagramação deste livro – e por me aceitar na família Nova Senda, sua editora!

A você, que tem este trabalho em suas mãos, que dedicou um mínimo que seja do seu tempo, para ler ou folhear, meus sinceros agradecimentos!

# Prefácio

Rita e eu planejamos a nossa agenda anual de cursos, seminários, palestras, eventos, congressos, viagens de crescimento e outros compromissos, já em janeiro de cada ano. Dessa forma, permite que as pessoas possam se organizar previamente e que comecem a se inscrever, nos diferentes eventos, imediatamente. Muitas vezes, nossos cursos ficam lotados com 90 dias de antecedência. Cancelar um evento, só se for da vontade de Deus ouA por um motivo muito sério; situações que ocorreram poucas vezes nesses 23 anos dedicados ao ensino e à difusão do Método Reiki.

No início do mês de agosto de 2013, recebi o telefonema de meu amado irmão caçula, Carlos Ricardo De' Carli, também Engenheiro Agrônomo, informando que seu filho mais velho, noivo há vários anos, iria se casar no dia 30 daquele mês, em Macapá, capital do Amapá. Comunicava que seria uma cerimônia civil simples e, na mesma noite, uma cerimônia kardecista exclusiva para a família. Lamentei retornando que nessa mesma data tínhamos um curso agendado, já praticamente lotado. Veio-me o conflito entre a palavra dada aos alunos, o compromisso com o trabalho, a responsabilidade assumida e a energia que vem do coração: o amor. Orei pedindo um esclarecimento, meditei, refleti e tomei a decisão de ir ao casamento. Disse a Rita: "Se fosse um enterro, cancelaríamos o curso e iríamos nos juntar à família num momento de sofrimento. Decidi que nos reuniríamos com a mesma num momento de alegria!" Ela prontamente acatou e apoiou minha decisão. Adiamos o curso. Compramos dois bilhetes aéreos com os trechos: São Paulo - Brasília; Brasília - Belém e, posteriormente, Belém - Macapá, já no Hemisfério Norte. Nessa viagem, depois de manifestar essa intenção, ganhei um livro usado, mas em excelente estado de conservação, que ainda não tinha lido, de meu sobrinho que acabara de se casar: a obra "O Diário de um Mago", de Paulo Coelho, Editora Planeta, de 1987. Foi o primeiro livro escrito por esse renomado autor brasileiro. Li o livro com muita atenção, que é um diário que narra a peregrinação do autor Paulo Coelho, no Caminho da Santiago de Compostela - Espanha, em busca de sua "espada" (missão, conhecimento e sabedoria), o que, ninguém tem dúvidas, ocorreu. Após a leitura, Rita e eu, tomamos a decisão de fazer o Caminho de Santiago de Compostela. A questão era: "quando peregrinar?" Já que somos tão ocupados.

Em janeiro de 2014, planejando a agenda para aquele ano, deparamo-nos com a situação que a "Copa do Mundo de Futebol 2014" aconteceria naquele ano, de 12 de junho a 13 de julho, em nosso país. Como não gostamos de muita agitação, tomamos a decisão de ir à Espanha, nesse mesmo período, a fim de fazer o Caminho de Santiago. Uma semana antes do embarque, na prática do Karatê, sofri uma grave lesão no tendão de Aquiles do pé direito, mas, mesmo assim, resolvemos ir para conhecer o Caminho. Nesta mesma viagem, a exemplo do que fazíamos todos os anos em Machu Picchu - Peru, decidimos retornar ao Caminho de Santiago de Compostela, a fim de peregrinar com os nossos alunos de Reiki, para que todos pudessem ter as suas próprias experiências. Nasceu uma nova, prazerosa e espiritual atividade para nós. Assim o fizemos, levamos dois grupos de Reikianos ao Caminho de Santiago, o primeiro em 2015 e o segundo em 2017. Rita peregrinou dando suporte aos que tinham mais dificuldade no deslocamento, dessa forma, o compromisso com os alunos impediu que Rita tivesse uma "entrega plena" ao Caminho. Por esse motivo, entre estes dois eventos, numa de nossas idas a trabalho à Espanha, tiramos uns dias de férias, em 2016, e Rita fez, pela primeira vez, parte do Caminho sozinha, ao longo de nove dias em que fez uma novena, caminhando, meditando e orando por cerca de 200 km. Com a lesão que tive, não pude acompanhar por terra nenhum dos eventos; em todos, fiquei aguardando nas cidades em que pernoitávamos. Essas quatro experiências que tivemos no Caminho de Santiago despertaram em Rita uma vontade inexplicável de fazer o Caminho por completo, começando na cidade francesa de Saint Jean Pied de Port.

Em 2018, chegou novamente o período da "Copa do Mundo de Futebol 2018", resolvemos novamente parar por alguns dias as nossas atividades corriqueiras. Após um Curso de Reiki que ministramos na Galícia – Espanha, alugamos um carro e nos dirigimos para Saint Jean Pied de Port, na França. Já me encontrava recuperado da lesão, mas resolvi aproveitar o período para escrever um novo livro sobre o Reiki.

Diariamente, tive que mudar de hotel, a fim de aguardar a chegada de Rita à cidade que ela dirigia-se a cada dia, Peregrinando.

*Nosso jantar, momento em que eu contava minhas experiências diárias.*

Além de escrever o meu livro, "Reiki, As Respostas da Usui Reiki Ryoho Gakkai", tive o privilégio de, em todas as noites, enquanto jantávamos, escutar as incríveis experiências que Rita teve ao longo dos 34 dias em que Peregrinou, vivenciando cada um dos 22 Arcanos Maiores do Tarô. Como expectador, foi uma das práticas espirituais mais fascinantes que já pude acompanhar.

Uma vez mais, Rita me surpreendeu ao escrever este livro, enchendo-me de orgulho por ser o seu privilegiado marido. Eu te amo "*my Darling*"!!!

Queridos leitores, neste livro, Rita buscou uma coisa quase que impossível: narrar cada uma de suas vivências diárias com os 22 Arcanos Maiores do Tarô.

Aproveitem cada página!!!

*Johnny De' Carli*

# Apresentação

O Tarô, como muito já se falou, é um oráculo amplamente usado como um instrumento de adivinhação, e, é claro, consultar um oráculo para perguntas do nosso dia a dia é interessante e emocionante, eu mesma já o fiz. O que me levou ao Tarô foi a questão divinatória, pois, ainda adolescente, as cartas me fascinavam, pareciam me dizer algo. Eu pensava: como isto é possível? Então, passados alguns anos, comecei a estudar o Tarô, comprar livros, ler, fazer os jogos ensinados nessas obras, mas sempre sentia certa frustração, pois não conseguia perceber muita coisa naquilo tudo que diziam os livros.

Assim, aprendi que o Tarô tem, atualmente, uma estrutura de 78 lâminas chamadas de Arcanos, do latim Arcanum, que significa mistério. Divididas em 02 grupos: 22 Arcanos Maiores e 56 Arcanos Menores, estes subdivididos em 04 grupos chamados de Naipes e que são associados aos 4 elementos da natureza: Água, Ar, Terra e Fogo. A origem do Tarô é obscura e repleta de divergências. Tivemos, na história do Tarô, grandes nomes de famosos ocultistas das sociedades místicas do século XVIII, que estudaram o Tarô e foram responsáveis por trazê-lo até os dias atuais, tais como: Antoine Court de Gébelin, Eliphas Lévi, Gerard Anaclet Vincent Encausse (Papus), Aleister Crowley, Arthur Edward Waite, este último, de quem sou seguidora. Todos os meus trabalhos com Tarô têm como base o baralho desenvolvido por Waite e desenhado, sob sua orientação, por Pamela Colman Smith, o Tarô de Rider Waite, um clássico desenhado em 1910.

No ano de 2003, depois de ter comprado vários livros sobre o assunto e já ter lido muitos deles, decidi escrever um manual de Tarô, para que no futuro eu viesse a dar aulas sobre o tema; então, comecei novamente a estudar tudo o que havia comprado e a elaborar o manual. Na pesquisa, o que mais me chamava atenção era o simbolismo contido nos Arcanos Maiores; cada vez mais, dediquei-me veemente a este estudo – o que culminou com o meu livro: Tarô um Caminho de Autoconhecimento – Editora Isis. Nesse livro, eu relato a minha história, como tudo se desenvolveu para que eu o publicasse. Caso tenha interesse, poderá recorrer a ele, não o farei aqui para não ficar repetitivo.

Desde então, eu ministro cursos de Tarô, faço atendimentos e vivencio o Tarô praticamente todos os dias. Meu grande momento com o Tarô foi quando Ele se revelou para mim como uma chave que abre uma porta para a Jornada individual do homem e, também, como sendo uma chave de evolução da humanidade. Comecei, então, a perceber as distintas energias dos Arcanos Maiores, que cada um tem uma vibração específica e que se eu ficasse por mais tempo estudando determinada carta, eu começaria a vivenciar situações que me remeteriam a ela. Era como ir ao teatro e começar a fazer parte da peça teatral, integrar-se naquele contexto.

Ou seja, cada Arcano do Tarô emana uma energia viva. A minha primeira grande experiência com os Arcanos Maiores foi justamente em 2003. Foi quando sugeri uma vivência com eles para o meu marido, Johnny De' Carli, que não acreditava no Tarô. Ele aceitou e a fizemos; para cada dia entraríamos na energia de um Arcano, começando pelo Arcano 0 – O Louco e, assim, sucessivamente, na ordem, até o XXI – O Mundo. Foi uma experiência maravilhosa porque o próprio Tarô o convenceu. Entramos, pois, numa roda viva; quando ele se deu conta, ficou preocupado. Teve a percepção das distintas energias e de como ficamos permeados por elas quando estamos na vibração do Arcano.

Depois dessa vivência, vieram outras, menos profundas – mas não menos importantes –, e outras, mais ligadas ao dia a dia. Todas trazendo um significado muito distinto para cada carta em questão. Em cada detalhe diferente, eu percebia que enriquecia o significado da carta. Na minha visão, segundo a minha experiência, através do Tarô, todos podem ter sua experiência e extrair o máximo de informações riquíssimas para o seu crescimento, isso torna o Tarô tão especial. É muito gratificante reconhecer em todo o seu contexto, em suas imagens, o Caminho da Vida, o Caminho de Evolução. Em meu curso "Tarô – Uma viagem Através dos Arcanos Maiores", eu coloco como uma "Viagem" da qual teremos 22 estações com 22 lições a aprender, e, quando não as aprendemos, não saímos da estação; caímos, então, nos processos de repetidos erros, e isso dói, maltrata, até que adquirimos o conhecimento e seguimos a "Viagem", assim é a "Viagem da Vida". Compreender a lição significa que esta está efetiva dentro de você.

Dentro da minha vivência com o Tarô, sempre enfatizo a importância do seu simbolismo e suas chaves, da percepção das suas distintas energias com seus polos positivos e negativos, pois podemos encontrá-las dentro de nós ou permeando-nos. Quando conseguimos identificá-las, dentro ou fora de nós, saberemos como transformar esta energia, se negativa, em algo positivo para nossa vida, ou se estamos no seu polo positivo, reconhecê-la e dela usufruir. Isto é vivenciar o Tarô sem que seja necessário abrir o baralho.

E como conseguimos este entendimento? Os livros nos ensinam, mas o maior aprendizado que podemos ter é fazendo uma das Vivências dos Arcanos, que ensino em meu curso e que faço com frequência. É como ler sobre o amor e sentir o amor, quem não o sente jamais saberá o que ele representa. Então, faça a experiência: durante, no mínimo, 22 dias, começando pelo O Louco. Separe esta carta logo na manhã, coloque-a no seu altar e afirme que neste dia você estará entrando nesta energia do Arcano 0 e pronto, siga com o seu dia, e procure esquecer a carta. À noite, depois que encerrou todas as atividades, vá ao seu altar, pegue sua carta e um livro de Tarô e leia as informações sobre o significado de O Louco, e tente fazer uma retrospectiva do seu dia e perceber o que aconteceu nele que estava ligado ao significado da carta. Procure pensar nos detalhes e escrever para não esquecer, se não percebeu nada, poderá ficar mais um dia na vibração Dele, e, assim, sucessivamente com as demais cartas.

Muitos não conseguem fazer isso, então, sugiro tirar as cartas de forma aleatória; embaralhe-as pensando que você vai tirar uma carta que irá vibrar no seu dia. Tire uma, não olhe para ela, coloque-a no seu altar com a face virada para baixo, para não ficar sugestionado, e, ao final do dia, faça o mesmo procedimento ensinado acima, e, assim, sucessivamente até tirar todos os Arcanos.

Esta é uma maneira muito enriquecedora de termos um entendimento da energia do Arcano. Eu fiz várias vezes, com os Arcanos Maiores e com os Arcanos Menores, e durante todo o período em que escrevi meu primeiro livro. Posso afirmar, com todas as propriedades, que foi uma escola para mim, pela qual sou muito grata.

Hoje vivemos um momento muito importante para a Humanidade, que é de transição, de passagem para uma nova consciência, mas somente conseguiremos esta amplitude quando tomarmos Consciência de que temos um caminho individual, o qual teremos que percorrer para o encontro com o nosso Eu. Só podemos iluminar o Caminho do outro se acendermos a nossa Luz. E, é este Caminho que nos apontam os Arcanos Maiores do Tarô. Em cada um deles vamos aprendendo uma lição e tomando consciência de nós mesmos, incorporando a sua essência ao nosso dia a dia, nas pequenas coisas, nas nossas atitudes, nos pequenos gestos. Desta forma faremos grandes mudanças no nosso Eu, pois para mudar o mundo, teremos que primeiro mudar a nós mesmos. Foi com esse pequeno entendimento – adquirido nas minhas experiências com o Tarô –, que fui também sentindo necessidade de algo mais profundo, de maior clareza; ao mesmo tempo, também espiritual, já que o meu Caminho com o Tarô estava se mostrando cada vez mais espiritual, tanto nos cursos quanto nas leituras. Não consigo que seja de outra forma, para mim tem que ser algo que transforme a pessoa, que a torne um pouco melhor neste Caminho de Evolução que estamos todos nós. Se alguém vem para uma consulta de Tarô, sinto-me na obrigação de fazer com que saia melhor do que quando chegou, com esperança, acreditando que "Forças", muito maiores, permeiam e cuidam no momento de dificuldade e que só tem que acreditar; essa é uma semente que podemos plantar no consulente. Eu não tenho dúvidas de que esta sementinha irá brotar no momento oportuno, se a nossa semeadura for boa e, principalmente, amorosa.

Foi a partir daí, dessa necessidade, e com a oportunidade que se abriu para mim – de fazer o Caminho de Santiago de Compostela –, em junho de 2018, que vi aí o momento de fazer uma vivência diferente com os Arcanos Maiores do Tarô. Então, no início de junho de 2018, seguimos para A Coruña, Espanha, onde teríamos compromisso de trabalho. Johnny iria ministrar um curso de Reiki nesta cidade, agendado já há muito tempo, e de lá, seguiríamos para a França, em Saint Jean Pied de Port, onde começaria minha Jornada Espiritual, seriam 34 dias Caminhando até Santiago de Compostela. Eu Caminharia só e isto foi muito produtivo para o trabalho que me propus com o Tarô. Na minha cabeça, inflada pelo ego, já estava tudo organizado, seriam 34 dias para Caminhar, então começaria com O Louco, ficaria 02 ou 03 dias em cartas maravilhosas, 01 dia apenas nas cartas mais pesadas; desta forma ia distribuindo os 22 Arcanos no tempo que eu teria de 34 dias. Entretanto, a vida é maravilhosa para nos colocar no nosso devido lugar e foi o que ela fez comigo, ensinando-me uma grande lição, que começara 02 dias antes. Ainda em A Coruña, nossa coordenadora de cursos, sem saber que dali nós iríamos para esta Jornada, chegou e simplesmente deu-me de presente uma Meditação dos Arcanos Maiores, em gratidão ao meu livro que a presenteei no ano anterior e que, segundo ela, deu-lhe uma visão diferente acerca do Tarô. Neste gesto, eu já tive a percepção de que algo ou alguém começava a falar comigo e me dar orientações; aceitei, agradeci e me abri para tudo o que viesse e pudesse aumentar a minha compreensão do Tarô.

O Universo e as Forças que o regem foram muito generosos comigo e concederam-me este presente maravilhoso, que eu procurei valorizar e aproveitar, usando o máximo da minha capacidade de compreensão. É claro que muita coisa deve ter passado. Talvez eu não tenha tido entendimento ou precisasse de mais tempo para digerir. Porém, eu tenho a certeza de que o que consegui efetivar dentro de mim, deste aprendizado que foi minha Vivência com os Arcanos Maiores, durante 34 dias, transformou a minha vida. Este é o trabalho que apresento neste livro, uma Vivência Espiritual e pessoal que compartilho com todos que estejam dispostos a conhecer. Você também pode ter a sua, basta querer, confiar e se entregar.

No dia 15/06/2018, eu comecei a Jornada subindo a cordilheira dos Pirineus, sozinha, ou melhor, éramos Deus, as montanhas e eu, e no meu bolso a carta do Arcano O Louco, representando o início da Viagem. O que veio depois e a forma como foram desenvolvidas estas energias ao longo do Caminho, nem eu sabia; fui apenas aceitando e sendo conduzida, sendo orientada de como seguir. Quem está acostumado a esta visão do Tarô poderá perceber a minha própria evolução espiritual nesta Jornada.

Então, desfrute e boa Viagem a quem se permitir!

# O Caminho de Santiago de Compostela

São vários os Caminhos que levam ao ponto final desta Peregrinação, que é a Catedral de Santiago de Compostela, onde se encontra o sepulcro do Apóstolo Tiago. Os Caminhos espalham-se por toda a Europa e, em sua grande maioria, encontram-se com o Caminho Francês, que é a rota mais conhecida.

Mas, onde começa o Caminho? Eu respondo por mim, por tudo o que aconteceu comigo desde que me vi a primeira vez Nele. Na verdade, Ele começa no nosso coração, quando saímos de casa com destino a Ele, mesmo que não tenhamos a menor Consciência do que isso significa.

No ano de 2014, quando estive no Caminho pela primeira vez, em função de uma lesão no tendão de Aquiles do pé direito de Johnny, não pude entrar Nele. Mas, conectei-me com uma Força muito grande que me "chamava" para Ele; confesso que me frustrei, mas tinha que estar solidária ao momento de Johnny. Resignei-me, sem saber que o Universo me reservava algo muito, mas muito maior. Depois disso, tive a oportunidade de estar por 03 anos seguidos no Caminho, embora de forma parcial, pois tinha pouco tempo disponível, mas não menos importante. Hoje, percebo como uma prova para algo que estava sendo reservado especialmente para mim. E, em 15/06/2018, aniversário de 76 anos do meu amado pai, dei início a minha Peregrinação pelo

Caminho Francês, saindo da cidade francesa de Saint Jean Pied de Port; este que é o Caminho mais popular, chamado também de Caminho da Via Láctea, que supostamente indica, à noite, o Caminho para Santiago de Compostela.

Compostela, em latim significa: "Campus Stellae", e faz alusão à lenda sobre a descoberta do túmulo de Santiago pelo Eremita Pelágio. A partir dessa lenda, uma capela é construída e dá início, por volta do ano 813, às Peregrinações de fiéis ao "Campo da Estrela".

São várias as razões que levam à Peregrinação, sejam culturais, esportivas ou religiosas. Quando entrei no Caminho, pela primeira vez, percebi que, para mim, por tudo o que acredito e sou não poderia ser de outra forma, que não fosse religiosa, espiritual. Então, entrei Nele com todo o respeito e devoção; e, assim o fiz durante toda a minha Jornada de 2018, que durou 34 dias. A única certeza que tinha ao acordar era a de que, talvez, eu tivesse aquele dia pela frente; então, antes de começar a Caminhar, pedia bênçãos aos Céus e licença para começar o trecho daquele dia, pedia também entendimento, caso eu não conseguisse cumprir o meu propósito para o dia, pois começar o Caminho não quer dizer concluí-lo; por vários motivos, até mesmo por morte, vi Peregrinos não cumprindo a sua meta.

E, assim foi o meu dia a dia na Peregrinação, pedindo bênçãos, licença e agradecendo ao final de cada dia.

Acredito que, numa Peregrinação como esta, quando se entra com toda devoção e com Oração, procurando manter um padrão vibratório elevado, consegue-se deixar, por onde se passa, a nossa energia elevada, como "fios dourados", compondo a nossa memória.

Segundo a história, no ano de 1214, Francisco de Assis, Peregrinou, de Assis – Itália – a Santiago de Compostela, supostamente pelo Caminho Francês, que, imagino eu, ficou imantado por sua energia Crística, seus "fios dourados" ali estão. No ano de 2014, a Igreja comemorou o Oitavo Centenário da Peregrinação de Francisco de Assis a Santiago de Compostela, criando até uma Credencial de Peregrino com este tema.

Eu, pessoalmente, percebo o Caminho Francês como um "tubo de energia", que faz um "portal" de conexão com as Forças do Alto, por isto que, mesmo que a pessoa entre Nele, sem nenhuma devoção ou crença, em algum momento, ela é "tocada" por algo que lhe é incompreensível, mas que um dia em sua vida fará todo o sentido; é como, uma semente plantada que, no momento propício, será germinada.

Quando se faz o Caminho numa proposta espiritual, conectar-se com as Forças do Alto torna-se mais fácil, pois estamos receptivos, não querendo dizer que tudo acontecerá num estalar de dedos. À medida que Caminhamos, vamo-nos "despindo", ao mesmo tempo em que o Caminho vai, aos poucos, vestindo-nos com vestes inenarráveis; vamos crescendo e tornando-nos "gigantes" no Caminho. Há quem O faz por várias vezes, pois Ele desperta em nós uma necessidade íntima de voltar sempre, e, creio eu, isso acontece em função deste "portal" de conexão com o Alto, no qual nos revitalizamos com energias mais elevadas, ao mesmo tempo em que expandimos nossa Consciência.

Hoje, 14/06/2019, véspera de fazer exatamente um ano que iniciei minha Jornada pelo Caminho Francês, escrevo este texto derradeiro, com toda propriedade; para mim, este Caminho somente poderá ser espiritual, e, neste ano, não houve um dia sequer que não me vi Nele, conectando-me com aquela energia e banhando-me nela, a fim de me fortalecer para o dia a dia.

Trago comigo a plena certeza de que "fiquei no Caminho" e que Ele "ficou em mim". Fiquei muito emocionada, quando, após 34 dias Caminhando, cheguei de frente à Catedral de Santiago de Compostela e, olhando para Ela, tive a percepção do Tesouro impagável que recebi. Tesouro este que vou levar por toda a Eternidade, que ninguém poderá tirar de mim, somente Aquele que está acima de tudo.

Eu não conheço outros Caminhos que levam a Santiago, o único é o Caminho Francês; então, recomendo quem tiver oportunidade, entre Nele de todo o Coração, permita-se ser "conduzido" por Ele, se entregue a Ele confiantemente, como a criança pura que se entrega aos braços dos pais.

Existe um propósito para tudo na vida, do qual, em sua maioria, não temos Consciência, hoje são 15/06/2019, 08h45min, este capítulo foi o último que escrevi deste trabalho, o fiz ontem e o enviei para a minha doce e querida revisora, Auristela Maria Mendes Romeu, após a correção ela me retransmitiu na madrugada de hoje, o que me permite, sem nenhuma programação prévia, fazer o fechamento deste livro exatamente no dia que completa um ano que comecei a minha Jornada pelo Caminho de Santiago. Serei eternamente grata!

Apresento, neste trabalho, um pouquinho da minha experiência. Claro, não consegui retratar na íntegra tudo o que vi e senti; isso é impossível, mas o fiz com todo o Amor do meu Coração. Desejo, a quem se propuser conhecê-lo, um "Buen Camino"!

# O Início da Jornada

# O Caminho de O Louco

*De Saint Jean Pied de Port a Roncesvalles*

Em 15/06/2018, iniciava a minha Jornada Espiritual de 34 dias pelo Caminho de Santiago de Compostela, na cidade francesa de Saint Jean Pied de Port, que fica aos pés da Cordilheira dos Pirineus.

*Emocionada eu dava início à minha Jornada.*

E começava também minha Jornada através dos Arcanos Maiores do Tarô e nesse dia, precisamente, com O Louco, o Arcano 0.

Minha missão nesta primeira etapa de trinta e quatro dias era atravessar as montanhas dos Pirineus até a cidade de Roncesvalles na Espanha. Seriam 26 km oficiais Peregrinando, confesso que por vários momentos, no dia anterior, eu olhava para a montanha e sentia medo. Por outro lado, nunca me senti tanto como O Louco: feliz, atrevida, livre e a expectativa pelo desconhecido me deixava saltitante dentro do meu coração. Carregava uma pequena mochila, Johnny iria me encontrar no destino, o que me permitiu carregar pouca coisa (um luxo para Peregrinos).

Para esta jornada, alugamos um carro, pois Johnny faria todo o percurso com ele, levando as malas e me auxiliando; e justamente nesta energia de início de O Louco, um cidadão bateu na lateral do nosso carro e fugiu do local sem deixar identidade, numa atitude irresponsável como o Arcano 0.

Estávamos muito ansiosos e só conseguimos dormir depois de termos feito a meditação do arcano O Louco. Após o café da manhã, peguei minha mochila e acessórios (cajado, boné, um mapa e a carta de Tarô do Arcano 0, com a qual iria interagir), saímos do hotel por volta de 8h, entramos na igreja da cidade e fizemos nossa oração de agradecimento, pedindo, também, proteção pelo dia que teríamos. Johnny atravessou comigo a pequena cidade de Saint Jean Pied de Port até o pé da montanha, abençoou-me e nos despedimos.

*Neste ponto, eu deixava Saint Jean Pied de Port*
*e repleta de expectativas começava a subida da montanha.*

Então comecei a subida, foram mais ou menos 20 km rumo ao topo e uns 7 km de descida, o dia estava nublado, com muito nevoeiro e muito frio. Agasalhei-me adequadamente, foram 9 horas para fazer todo o percurso com a sensação de realmente ser O Louco do Tarô. Não fazia a menor ideia do que iria encontrar, a liberdade estava em mim,

*Ao olhar para trás a vista era cada vez mais linda.*

outras vezes eu era a própria liberdade. Às vezes olhava para mim mesma e para os outros Peregrinos, que passavam por mim, e achava que aquilo era realmente loucura; visto que a maioria das pessoas em seu estado normal de consciência não sairia da cama em baixa temperatura, com um tempo chuvoso, feito louco a atravessar montanhas. Mas eu não me importava, quanto mais eu subia a montanha mais queria andar, aumentando a expectativa e curiosidade do que teria à minha frente.

Aos 4,5 km, fiz minha primeira parada em Hunto, um ponto de apoio com uma cafeteria. Havia andado e subido pouco, mas o que eu visualizava já era estupendo, apesar da pouca visibilidade em função da neblina. Nesse lugar, tomei água e tirei o casaco pesado, pois já estava cheia de calor, apesar do frio.

A subida foi muito árdua, um trecho muito difícil. O ponto mais alto chegou a 1.429 metros de altitude. Em todo o trajeto havia apenas dois pontos com infraestrutura (banheiro / cafeteria), que se localizavam nos primeiros 7 km; depois disso, somente a montanha pela frente. Não havia sol e, na maioria da subida, a neblina inundava tudo e não se via nada além de 20 metros à frente.

*A montanha estava inundada pela neblina, que a deixava misteriosa, e ao mesmo tempo, muito charmosa.*

Com pouca visibilidade, resolvi entregar-me à montanha e ficar mais atenta à sinalização, não correndo o risco de me perder, já que estava na energia de O Louco e isto seria muito fácil. Na parada seguinte, um lugar chamado Refúgio de Orisson, preferi não parar; estava muito ansiosa, apesar de ser um lugar agradável.

Estava na expectativa de aos 1.095 metros, em lugar chamado Vierge de Biakorri, encontrar a imagem da Virgem com o mesmo nome. Ela fica no alto, como um oratório, mas com tanta neblina foi impossível. Eu teria que desviar um pouco do caminho, confesso que tive que conter O Louco em mim, pois havia feito planos para as minhas orações diante da imagem, a qual eu teria que procurar, pois não sabia onde era o local. Claro, fiquei frustrada com isto! Como não encontrei a imagem da Virgem, resolvi começar a rezar o Rosário, que se tornou uma rotina nas minhas Caminhadas espirituais onde sempre faço meus agradecimentos e pedido de bênçãos.

Depois do alimento espiritual, percebi que não sentia fome – apesar de todo o esforço físico –, ainda assim, resolvi pegar meu suprimento e comer algumas rodelas de bananas fritas, banana in natura e beber água.

Quando já havia subido em torno de 1.200 metros, comecei a ver Peregrinos voltando e pensei: "meu Deus, acho que é loucura continuar", mas ao mesmo tempo uma força me impulsionava para seguir em frente e ver o que me aguardava, e preferi não perguntar o motivo do retorno.

*A neblina encobria todo o Caminho, e Peregrinos voltavam.*

Aos 1.350 metros mais ou menos, cruzei a fronteira entre a França e a Espanha. Confesso que fiquei emocionada, fiquei feliz, queria pular, cantar, chorar e parei, fiquei olhando para o que ficou para trás! Fiz uma oração de agradecimento, pedi bênçãos pela França, por ter nos recebido e ter me permitido começar em solo francês a minha tão sonhada Jornada Espiritual, do mesmo modo agradeci e pedi licença para entrar em terras espanholas. Foi muito emocionante e eu chorei muito pensando também que exatamente ali, naquele lugar e naquelas florestas que eu ia entrar travou-se a famosa Batalha de Roncesvalles, no ano de 778, onde a retaguarda do exército do Rei Carlos Magno foi dizimada por guerreiros Bascos.

*Ponto de apoio ao Peregrino com telefone.*

Em pouco tempo, atingi o ponto mais alto, 1.429 metros, com muito frio, ventos fortes e gelados, muita neblina. Fiz uma foto da placa e aproveitei a passagem de um Peregrino para que fizesse uma minha.

*Este foi o ponto mais alto da montanha, 1.429 metros.*

Até aquele momento, foi tudo maravilhoso, a não ser a dificuldade da subida. Para chegar ao destino eu teria ainda em torno de 7 km de descida pelos bosques, em locais pedregosos, úmidos e com muito barro. Aí comecei a entender os Peregrinos que voltavam. Houve muitos pontos críticos com muito barro e água, em função das chuvas recorrentes naqueles dias que, aliás, deram uma trégua nas últimas 48 horas em que estivemos em Saint Jean Pied de Port, o que me permitiu subir a montanha. Em determinados locais, tive que passar grudada no barranco, visto que o caminho era pura lama.

A descida foi muito difícil, com o solo molhado e escorregadio. Um cajado e um bom calçado são imprescindíveis para estas situações. Foi o que me ajudou a cruzar vários trechos que eram de muito barro e água, mas apesar de tudo, eu estava leve e feliz! Louca para conhecer Roncesvalles, um povoado com pouquíssimas construções, um mosteiro, algumas pousadas e um hotel, mas um lugar repleto de histórias, que vale pesquisar.

*Descendo a Floresta de Roncesvalles, neste dia especialmente estava fria, úmida e escura, parecia cheia de segredos.*

E foi sob muita chuva que cheguei ao meu destino tão esperado e fui localizar Johnny que já me aguardava à porta do Hotel Roncesvalles, o último quarto disponível no povoado, que "esperava" por nós, já que não tínhamos reserva. Cheguei eufórica, feliz por ter conseguido cruzar a montanha, estava com fome e querendo um banho quente.

Sinceramente, a ansiedade que senti no dia anterior me fazia acreditar que seria muito pior do que realmente foi.

Johnny, como sempre, um verdadeiro cavalheiro me auxiliando em todos os aspectos e ainda me ouvia, com toda paciência, narrar toda a história do dia.

Antes de dormir repetimos a meditação do arcano O Louco, pois senti que deveria continuar nesta vibração.

*Chegada a Roncesvalles, minha primeira visão.*

*À direita, o Monastério de Roncesvalles.*

# O Caminho de O Louco

*De Roncesvalles a Larrasoaña -*

Pontualmente, às 05h30min, tocou o despertador, com a música Nossa Senhora, do cantor Roberto Carlos, avisando-me que eu teria que continuar meu Caminho. Experimente acordar com esta música! Johnny levantou-se e em alguns minutos voltou dizendo: "Está escuro, chovendo e ventando, só louco mesmo para sair desta cama quentinha."

Oh! Eu tive que concordar, a cama estava exageradamente maravilhosa, mas fiz minhas orações e levantei-me, olhei pela janela e vi um Peregrino saindo. Imediatamente, O Louco entrou em mim, senti uma louca necessidade de me arrumar e sair caminhando, o mal tempo não representava nada diante da Força que me movia naquele momento.

E foi o que fiz, estaria ainda sob a vibração do Arcano 0, O Louco, seria um longo trecho até Larrasoaña, com 27 km à frente, em geral anda-se um pouco mais que o número oficial.

Após o café da manhã, Johnny me deixou à porta do hotel, achei desnecessário ele me acompanhar um pouco, porque chovia muito e ele estava com uma forte gripe; abençoou-me e nos despedimos. Saí debaixo de muita chuva, vento, frio e nevoeiro. Nem consegui fazer a tão esperada foto diante de uma placa que marca a quilometragem até Santiago de Compostela (790 km). Em geral os Peregrinos fazem fotos com ela, mas chovia tanto e eu era a única Peregrina naquele momento e também sou péssima em fazer *selfie*.

Logo à minha esquerda, após passar a placa, entrei num bosque, que sob chuva e neblina me dava uma má impressão, muito sombrio; a umidade que eu via nele ia além da chuva que caía, ao mesmo tempo em que me encantava, mas como diz o ditado popular: "entrou na chuva, há que se molhar". Trata-se do bosque que liga Roncesvalles ao povoado de Burguete. Poucos quilômetros depois, encontrei-me diante de uma cruz chamada "A Cruz Branca", que, segundo a lenda, traria proteção. Alguns metros à frente, uma placa com o nome do bosque, o Bosque de Sorginaritzaga. Ali, no século XVI, foi um lugar conhecido de reunião de bruxas para celebração de rituais, o que levou à fogueira nove pessoas da região, por isso, a Cruz Branca que encontrei alguns metros antes. Confesso que fiquei um pouco temerosa naquele lugar, foi o tempo de ler as informações da placa, fazer algumas fotos e nem olhar para trás. Eu me arrependi de não ter feito um vídeo, o fato de estar chovendo e com muita neblina deixava o lugar ainda mais sombrio do que é, senti um frio no estômago e uma forte sensação de não estar só.

*Cruz de Roldan – "La Cruz Blanca" – Séc. XVII.*

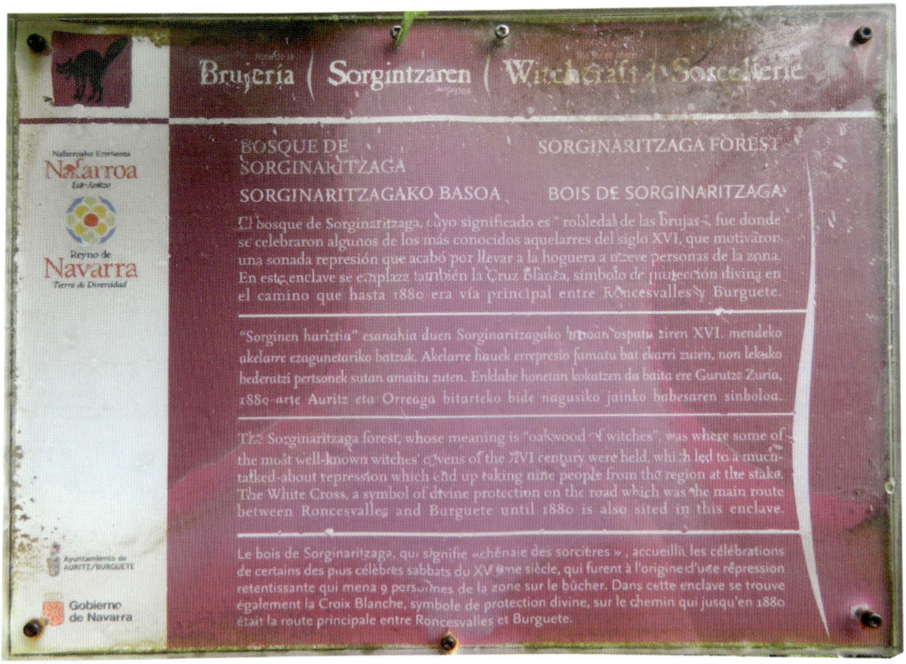


*Placa informativa sobre o bosque e sua história na Inquisição.*

Passei, em seguida, pelo povoado de Burguete, um lugar charmoso e muito pequeno; em 2016, contava com apenas 243 habitantes. Parei para tomar um café e me refazer da energia do bosque, e segui.

Foi um dia meio conturbado, comecei bem a caminhada, mas em algum momento me dispersei. Então me lembrei de que estava vivenciando o Arcano 0, e esta é uma das suas características: a desatenção. Na verdade, esqueci que deveria focar no Caminho e estar atenta à sinalização destinada aos Peregrinos. Quando me dei conta, achei o Caminho incomum, estava há tempos na estrada sem acostamento

*Burguete me dava passagem, ainda adormecida pelo frio e chuva.*

nenhum, fiquei aflita, pois não havia marcações e nem Peregrinos, comecei a andar mais rápido e, logo após uma curva, avistei ao longe quatro Peregrinos, que de perto pareciam ser de uma mesma família. Procurei alcançá-los e comuniquei-me gestualmente com eles; segui, então, mais próxima a eles, ainda sentindo-me perdida, até que no pequeno povoado de Aurizberri Espinal, a família recolheu-se em um albergue. Eu ainda estava me sentindo perdida, não conseguia achar as tão esperadas "Flechas Amarelas", que sinalizam o Caminho. Segui caminhando e respirando fundo para me acalmar, até que encontrei um morador local, para o qual perguntei e pedi as informações que precisava. Ele, de forma muito amável, explicou-me e, logo que atravessei o povoado, localizei a sinalização. É indescritível a alegria que sentimos quando localizamos as flechas de sinalização!

*As Flechas Amarelas, que fazem a alegria do Peregrino perdido.*

E assim segui, subi e desci por vários bosques num vale chamado de Vale de Erro, um nome com significado e origem desconhecidos, mas com muitas histórias, desde a Pré-história, Idade Antiga, Média, Moderna e Contemporânea, com registros de várias guerras.

*Um Caminho maravilhoso pelo Vale de Erro.*

Eu estava tensa, inquieta, não gostei da experiência de não saber onde estava, ou de me perder, não sei. Fiquei brava comigo mesma pela minha desatenção. Peguei meu Rosário e fiz minhas orações. Este também foi um trecho difícil, com muitos aclives e declives, mas é claro que também tive momentos de muita leveza. Numa descida dentro de um bosque, encontrei um grupo de Peregrinos, passei por eles e logo em frente deparei-me com uma cerca e um pequeno portão de madeira. Abri e o cruzei, mas o grupo estava bem atrás de mim, a uns cinco metros, então o abri ao máximo e fiz um gesto convidando-os a entrar com as seguintes palavras: "Abrindo puertas, bienvenidos!", o que trouxe leveza e sorrisos a todos. Momento seguido de fotos que quiseram fazer comigo; mas, infelizmente, não fiz nenhuma foto na minha máquina, ficou somente na memória e no coração. Imediatamente, lembrei-me de O Louco num momento de suavidade e pureza, alegria sincera e descontração.

Continuei descendo e desci muito, o clima estava uma loucura, saí com chuva, vento e neblina e, naquele momento, o céu estava azul com sol e um pouco de calor.

De repente eu parecia ser a única Peregrina do mundo, caminhei por lugares e trilhas onde só passava uma pessoa e me deparei diante de uma indústria de extração de magnésio, um lugar árido e triste. Neste ponto me perdi, não encontrava as flechas amarelas, a única marcação que vi estava dentro da área industrial com uma placa de entrada proibida. Eu, infringindo as regras – o que para mim é incomum – entrei em território proibido e após uns 700 metros achei novamente o Caminho.

Mais uma vez, não gostei da experiência de não saber a direção, a vibração de O Louco estava me deixando mais tensa.

Estava distante a apenas uns 3 quilômetros do meu destino, mas pareceu-me um trecho muito longo, até que cheguei ao povoado de Larrasoaña onde Johnny me aguardava num albergue particular e, novamente, ele conseguiu o último quarto da pequena cidade, que em 2014 contava com 138 habitantes.

Tomei um banho e fomos, Johnny e eu, comer. Estava cansada, mas um cansaço emocional; fisicamente, eu me encontrava muito bem e aguentaria andar mais um pouco, apesar de já ter caminhado 31 km.

Estar permeado pela energia do Arcano 0 por um curto tempo faz bem e é necessário, traz leveza, conexão com a criança interior, entretanto, sinto que à medida que o tempo passa, entramos também na sua frequência negativa, que no meu caso, foi a desatenção e uma sensação muito forte de estar entediada. Eu tinha consciência de que isto não me pertencia, uma vez que amo estar no Caminho de Santiago. Ao deitarmos, decidi fazer a meditação de O Mago e deixar O Louco para trás.

## *Conselho de O Louco*

- Leveza

Seja livre, busque a sua Criança Interior. Permita-se sorrir, cantar, pular e ser alegre. Deixe o seu O Louco trazer leveza para sua vida.

# O Caminho de O Mago

*De Larrazoaña a Pamplona*

Na noite anterior, fomos dormir ouvindo a meditação do Arcano 1, O Mago. Exatamente às 05h30min, tocou o despertador; fiz minhas orações e levantei-me. O albergue que estávamos não oferecia café da manhã, assim, o faria num povoado à frente.

*Deixando o Albergue San Nícolas, gratidão pelo acolhimento.*

Às 07h50min deixei o Albergue San Nícolas, com Johnny acompanhando-me até uma ponte medieval, na saída da pequena Larrasoaña, que em 2014 contava com apenas 138 habitantes.

*A alegria que eu estava sentindo era traduzida no sorriso de Johnny.*

O Caminho de hoje seria suave, apenas 16,5 km, num terreno pouco acidentado. Deixei o povoado sentindo-me recuperada do estresse do dia anterior, com as loucuras de O Louco.

Apesar de sair sem ter tomado o café da manhã, estava sentindo-me forte, decidida. Caminhei por uns 3,5 km e, no primeiro ponto de apoio, fiz a refeição da manhã.

*À esquerda, cafeteria onde tomei o café da manhã.*

Deixei o local de forma mais segura, com mais vontade dentro de mim. Comecei a refletir sobre a energia que me permeava – O Mago – uma energia de certeza, de poder e resolvi, então, fazer as minhas orações com o Rosário. A mais ou menos 10 km de caminhada, já em Zabaldika, desviei do Caminho para visitar a Igreja de San Estebán, do século XII, aproveitei e terminei ali as minhas orações.

*Nave central da Igreja de San Estebán.*

Fui recebida por uma senhora muito amável, que me cobriu de atenção, e acabei ficando lá por uns 30 minutos (já que o Caminho de hoje seria mais curto). Na saída, por indicação dessa mesma senhora, acabei fazendo um Caminho alternativo e saí um pouco da margem do Rio Argo, um belo rio que vai margeando o Caminho por alguns quilômetros.

Tenho algumas memórias com relação à água que me causam aflição. Neste dia, fiz um grande percurso às margens desse rio, às vezes com fortes quedas, fazendo muito barulho; outras, num silêncio profundo, o que também me incomodava.

Já fiz o Caminho em outras épocas, de forma parcial, e senti que entramos no Caminho, mas o Caminho só entra em nós depois de um tempo. Hoje tive alguns momentos de percepção de que o Caminho começara a entrar em mim. O percurso foi tranquilo; fiz em 6 horas, com muito calor ao final.

Passei por cidades interessantes, organizadas, de poder – diferentes dos povoados pelos quais havia passado.

*Puente de Arre, em Trinidad de Arre.*

*Passando pela cidade de Trindad de Arre.*

Às 14h, cheguei a Pamplona: meu destino de hoje. Uma cidade bem maior que os locais que havia passado no Caminho e que me encantou por sua beleza, e claro, é um atrativo para turistas do mundo inteiro. As festas de Sanfermines constituem seu evento mais famoso, onde o ponto culminante é a largada dos touros que acontece no centro histórico da cidade.

*Puente de La Magdalena, em Pamplona.*

Localizei Johnny, e, depois de um banho, saímos para almoçar e, para fazermos jus à cultura local, fizemos uma pequena "siesta". Na vibração de O Mago, e mais focada, consegui dar início a este trabalho. Assistimos ao primeiro jogo do Brasil, no Mundial da Copa 2018, com resultado de 1 x 1 entre Brasil e Suíça. E assim transcorreu o dia, encerrando com a esperança de um excelente Mundial, que poderia nos levar ao sonhado hexacampeonato.

*Portal de Francia, uma das portas de entrada para Pamplona.*

*Pamplona, me dando passagem. Gratidão.*

# O Caminho de O Mago

## *De Pamplona a Puente La Reina*

Exatamente às 05h30min o despertador tocou, convidando-me ao Caminho. Arrumei-me, tomamos o nosso café da manhã e às 08h15min, sob a energia de O Mago e um sol maravilhoso cobrindo a cidade, deixei Pamplona, um belo lugar com 200.000 habitantes aproximadamente. Fundada no ano de 74 a.C, seu patrimônio histórico e monumental atrai milhares de turistas. Eu teria 24 km à frente, com apenas uma serra para subir. Encontrava-me completamente descansada e revigorada, minha impressão era que podia abraçar o mundo, que podia absolutamente tudo. Johnny me acompanhou por 1 km, teríamos que contornar um lindo parque até eu pegar a saída para a cidade de Cizur Menor.

*Um lindo parque na saída de Pamplona.*

Foram apenas 5 km até lá, mas me encantei com o local, uma bela estrutura! É muito bom ver o homem num trabalho focado e bem direcionado para o conforto e bem-estar da comunidade. Na vibração de O Mago, estava completamente focada e crítica, olhando para tudo o que a mão do homem consegue fazer quando ele realmente quer trabalhar, colocando na prática as suas ideias. Saindo da cidade, caminhei por campos bem trabalhados e bem cuidados com plantação de trigo, foi o que me pareceu, bem trabalhado dando-me a certeza de uma excelente colheita. Atravessava um caminho estreito – sob um sol que castigava – e qual não foi minha surpresa quando vi à frente, quase sob meus pés, uma serpente que cruzou o meu caminho. Encontrava-me muito atenta, foi rápido, nem consegui fotografá-la, levei um susto, é claro, não é algo agradável de ver. Mas depois fiquei pensando qual seria a ligação com O Mago e lembrei-me que no baralho de Rider Waite – o meu preferido – ele, O Mago, tem um cinto em forma de serpente, que simboliza a eternidade do espírito. Vale ressaltar que, no Xamanismo, a serpente é um dos seus Animais de Poder e personifica uma força energética, uma inteligência, tal como o Arcano I.

Seguindo adiante, após 11 km caminhando, parei no povoado de Zariquiegui, situado aos pés da Sierra del Perdón, um local célebre do Caminho de Santiago. Os Peregrinos, vindos de Cizur Menor, passam por Zariquiegui e atravessam a serra em direção a Puente la Reina. O ponto mais alto do percurso, chamado Alto del Perdón ou Porto de Erreniega, encontra-se a 770 metros de altitude. Aproveitei para tomar um café e, na energia de realização, de força e poder, que me encontrava, lembrei-me de que teria que fazer um pagamento naquele dia, não resisti, ali mesmo liguei meu celular e paguei a conta, o que me trouxe alívio. Comecei, então, a subir a serra, que não foi difícil depois de atravessar as montanhas dos Pirineus. No seu ponto mais alto, encontra-se uma bela escultura feita em chapa de ferro por Vicente Galbete, em homenagem aos Peregrinos, e representa uma comitiva deles em distintas épocas, mostrando a evolução do Caminho de Santiago no decorrer da história, cujo nome é "Onde se cruza o caminho do vento com o das estrelas".

*O povoado de Zariquiegui deixado para trás.*

*Em Alto del Perdón as esculturas de Vicente Galbete em homenagem aos Peregrinos.*

Ao longo da serra, avistava dezenas de cata-ventos geradores de energia eólica, gigantescos e imponentes. Quanto mais me aproximava deles, mais forte sentia sua energia e força, mostrando-me novamente o quanto a mão do homem é criadora, é transformadora, especialmente quando o querer é verdadeiro dentro dele, sendo capaz de exteriorizar toda sua capacidade de concretização, deixando aflorar o seu potencial criativo! Foi muito forte estar debaixo do cata-vento a girar, com essa associação brotando dentro de mim; naquele momento, sentia e fazia a correlação dele com O Mago. Ambos buscam uma força, uma energia invisível no Universo e transformam em benefício concretizado em prol de alguém ou algo. O cata-vento busca o vento e transforma em energia elétrica, O Mago busca numa ideia a força para colocar em prática e materializar.

Chegando ao topo e olhando tudo o que deixei para trás, eu me percebi poderosa e esqueci completamente de que dois dias antes estava sentindo-me louca atravessando as montanhas dos Pirineus. Naquele momento, olhando as terras espanholas à minha frente, havia um poder latente dentro de mim que me movia e impulsionava, dando-me a certeza de que venceria, era uma força estranha e ao mesmo tempo poderosa.

Depois das fotos e vídeos, foi o momento de oração junto ao meu Rosário, enquanto fazia a difícil descida com muitos cascalhos e pedras – parecendo um rio de pedras. Sempre demoro mais para descer, pois vou com cuidado para não me machucar.

*Um "rio de pedras", massagem rude nos pés.*

Terminada a descida e quase às portas do povoado de Uterga, tive uma grata surpresa ao me deparar com um senhor acomodado numa cadeira junto a uma mesa à beira do Caminho, com uma bola de cristal, um livro sobre os benefícios e uso das pedras e um baralho sobre o mesmo tema. Não resisti, era muito sincronismo encontrá-lo justamente no dia que vivenciava o Arcano I, O Mago. Seu nome era Andres e vinha da cidade de Valencia – Espanha. Ali no Caminho, oferecia seus serviços tirando cartas com mensagens e fazendo propaganda do seu trabalho; claro, com uma grande capacidade de comunicar-se, envolvendo o Peregrino com maestria, ao oferecer para "tirar a carta do dia"! Claro que ele me envolveu e acabei tirando a minha também; saiu a carta Água Marinha, uma pedra que atua terapeuticamente no

Chacra Laríngeo, o chacra da comunicação, além de trazer equilíbrio emocional e elevação espiritual. Devo confessar que este é um chacra em que trago muitos bloqueios, o qual trato constantemente e, exatamente três dias após esse fato, tive um processo de limpeza, visto que meus lábios ficaram cheios de herpes, demorando mais para curar em função das longas caminhadas ao sol, apesar de ter usado muito protetor solar. Bem, fiz foto do senhor, ele me deu seu cartão e segui meu Caminho, ainda teria 9 km até o meu destino, que foram repletos de planos para quando eu chegasse.

*Andres, um mago no Caminho.*

Como era segunda-feira, teria muitos e-mails para responder, muitos contatos de trabalho para fazer, contas da semana para pagar. Quando viajo, prefiro pagá-las antes do vencimento, evitando imprevistos, já que dependo de Internet. Passei por mais dois povoados,

Muruzábal e Obanos, lugares exemplares, onde era nítida a excelente qualidade de vida, apesar de pequenos. Em Obanos, visitei a igreja principal, do século XII, que dá origem à história medieval de San Guilén e Santa Felícia, encenada todos os anos na praça principal.

*Povoado de Obanos.*

Seguindo mais um pouco, cheguei a Puente La Reina após 6 horas de caminhada. Localizei Johnny, que já havia se instalado num hotel à entrada da cidade. Tomei um banho, e descemos para o almoço; bebemos um vinho e o cansaço de caminhar quase 27 km venceu todo o planejamento de trabalho que eu havia feito ao longo do Caminho. O Mago, muitas vezes, excede; sente-se tão forte que acaba por ficar egocêntrico. Eu também teria que pensar no meu corpo e respeitar minhas necessidades e condições físicas do momento, pois após cumprir todo o Caminho, é claro que eu seria vencida pelo cansaço, além também de ter sido envolvida pela força, poder e magnetismo do Johnny, ao me convidar para tomar um vinho, alegando que eu precisava descansar.

*Conselho de O Mago*

- Querer
- Vontade
- Ação
- Foco

Tudo isso são chaves para o sucesso, mas por vezes teremos que recuar, não temos o controle de tudo.

ETAPA 05 DE 34 19/06/2018

# O Caminho de A Grande Sacerdotisa

*De Puente la Reina a Estella*

Puente la Reina, cidade medieval que há mais de 800 anos acolhe Peregrinos a Caminho de Santiago de Compostela, abriga uma coleção rara de monumentos do século XII; sua fundação possivelmente deve-se aos Cavaleiros Templários. Nesta cidade, entramos na vibração de A Grande Sacerdotisa. Uma energia mais contida, reservada, sendo uma de suas grandes virtudes a paciência, o não ter pressa, e foi dessa forma que começamos o dia. Iria me deslocar para a cidade de Estella, distante 24 km dali e teria, então, em torno de 6 horas de Peregrinação. Antes de sairmos, fizemos a meditação de A Grande Sacerdotisa, o Arcano II; preparei a mochila com os acessórios necessários e coloquei a carta do Arcano II em sua bolsa lateral; Ela, A Grande Sacerdotisa, claro, iria me acompanhar. Deixamos o hotel às 09h, realmente não estava com tanta pressa de deixar a cidade, parecia que alguma coisa me prendia ali, estranhamente queria ficar mais tempo naquele lugar. Johnny, então, acompanhou-me até a saída e, sem pressa, fui a passos lentos fazendo um *tour* por suas ruas e monumentos.

*Torre da Igreja do Crucifixo.*

*As acolhedoras ruas de Puente La Reina.*

Passamos por duas igrejas; entramos na Igreja do Crucifixo, uma bela obra que acolhe um crucifixo gótico em uma de suas naves, possivelmente do ano 1320. Ali, fizemos nossas orações de agradecimento e pedimos proteção para o dia que teríamos à frente.

*O Crucifixo gótico doloroso - Séc. XIV – Igreja do Crucifixo – Puente La Reina.*

Eu passava pela cidade lentamente, como se bebesse algo que não queria que acabasse. Encontrava-me dentro de uma cidade medieval, cujo nome era em lembrança à Rainha Dona Mayor, esposa do Rei Sancho, o Mayor, que mandou construir a ponte local, chamada *Puente de los Peregrinos*, para facilitar a vida dos Peregrinos que ali passavam com destino a Santiago de Compostela. Estava em êxtase, pensando nas histórias contidas naquelas paredes, nos mistérios não revelados, nos segredos que o mundo sequer conhecerá, tal como a nossa silenciosa A Grande Sacerdotisa.

Na verdade, queria ficar, sentir aquele lugar dentro do meu coração e, sem pressa, olhar todos os detalhes de suas portas e janelas, ruas e monumentos. Uma motivação secreta e silenciosa pedia para ficar, mas foi com um sentimento oculto e mudo que atravessei a *Puente de los Peregrinos*, do século XI, e deixei a cidade que tanto me causou uma ebulição interna. Despedi-me de Johnny e segui meu Caminho.

*Puente de los Peregrinos sobre o Rio Arga, construída no século XI para dar passagem aos Peregrinos.*

Naquele momento, para mim, Puente la Reina era a própria A Grande Sacerdotisa, sentada no tempo, estática, acolhendo os Peregrinos que por ali passavam e, ao mesmo tempo, ocultando incontáveis segredos. Saí muito tarde da cidade, sob um sol escaldante, não foi fácil! De todos os dias que Peregrinei, este foi o mais solitário; foram horas sem ver ninguém, sozinha, o que me deu bastante tempo de reflexão – sem interrupções. Completamente em silêncio, por várias vezes, me vi tentando desvendar, dentro de mim, o que leva uma pessoa a sair Peregrinando assim: será que eu já teria andado por estas terras num passado longínquo? Se o fiz, em quais condições? Fui uma pessoa boa ou será que a maldade me consumia? Sim, porque eu estava passando por lugares com mais de 1.000 anos de história...

Permeada pela energia de A Grande Sacerdotisa, ficava muito mais reflexiva do que o normal, querendo ir profundamente dentro de mim, encontrar respostas que ainda não tenho e, muito mais do que isso, resgatar o meu Poder Feminino. E, neste silêncio profundo, tive a percepção de que há muito mais memórias femininas sofridas e não reveladas nesses lugares do que se possa imaginar. E foi dessa forma, sentindo essa energia envolvendo-me, que passei pelos povoados de

Mañeru e Ciralqui, da Idade Média, século XII, com menos de 500 habitantes e ambos com uma "energia silenciosa e secreta".

*Cidade de Ciralqui.*

*Ciralqui me convida a entrar.*

Depois de Caminhar em torno de 10 km e subir um morro, ainda sob o sol forte, encontrei um lugar onde senti que o "Sagrado" estava, ali no meio de uma plantação de oliveiras. Um "anjo da guarda", com a capacidade de cura de A Grande Sacerdotisa, solidário com o Peregrino, criou um refúgio de descanso: uma mesa com frutas, pães, sucos e água, uma biblioteca, uma estante de roupas para doação e vários ambientes para repouso debaixo das oliveiras. Isso tudo gratuitamente, quem quisesse pagar o faria como donativo. Só mesmo uma pessoa permeada pela energia do Arcano II faria algo assim, expressando ali, em gestos e atitudes, o que passa no seu coração. O que senti naquele lugar não precisava de palavras para explicações, estava implícito, tal como A Grande Sacerdotisa. E foi desta forma que Caminhei nesse dia: observadora, reflexiva, solitária, fazendo minhas orações no Rosário numa energia muito diferente.

*Um oásis entre oliveiras.*

LIBROS
Books

HOT
COFFEE
LA VOLUNTAD
FREE-WILL OFFERING

Em torno das 16h30min, cheguei a Estella, mais uma cidade medieval, fundada no ano de 1090 e com a energia similar às anteriores, dando-me a impressão de estar encoberta por um manto. Naquele momento, tive que voltar à realidade e fui localizar Johnny num hotel, fora da área histórica da cidade.

*Igreja do Santo Sepulcro – Estella.*

Ele me aguardava à porta do hotel. Muito bom chegar à cidade e ser recebida de forma tão carinhosa!

Tomei um banho, fui registrar as minhas impressões do dia e descemos para o jantar, momento em que compartilhamos um com o outro o nosso dia.

# O Caminho de A Grande Sacerdotisa

*De Estella a Los Arcos*

Como todos os dias, ao som da música Nossa Senhora, do cantor Roberto Carlos, tocou o despertador exatamente às 05h30min. Levantei-me, tomei banho, preparei a mochila, e Johnny e eu descemos para o café da manhã. Exatamente às 09h45min, deixava o hotel para mais uma Jornada sob a vibração do Arcano II, A Grande Sacerdotisa. Johnny, como sempre, acompanhou-me até a saída do povoado; teria 24 km pela frente sob um sol escaldante e muito calor. Mais uma vez, deixava uma cidade com uma dor no coração e uma vontade de passar mais tempo ali para tentar descobrir os segredos não revelados contidos naquelas ruas.

Atravessamos a famosa ponte da cidade, *Puente de la Cárcel*, despedimo-nos, e segui meu Caminho.

*Estella me "soltando do seu abraço" para eu continuar meu Caminho.*

*Puerta de Castilla, do séc. XVI.*

Logo após cruzar os muros da cidade, passando por um banco de praça, encontrei dois pequenos cartazes (ver foto) colocados por alguém que não queria aparecer. Queria, sim, imprimir no coração dos Peregrinos a mensagem de "força" e carinho que estava no seu coração. Considero importante registrar que nós Peregrinos, a cada dia, quanto mais caminhamos, mais sensíveis ficamos. Uma atitude dessas, tão pequena e ao mesmo tempo tão grande, não passa despercebida e injeta uma "força" dentro da gente. Minha gratidão a essa pessoa "invisível", curadora, que novamente me remeteu à nossa A Grande Sacerdotisa.

*1ª mensagem: "Se cuida, há momentos que você é a única pessoa que pode cuidar de você".*

*2ª mensagem: "Você é incrível, brilha".*

Passei pelos povoados de Ayegui e Irache, ambos pequeninos. Em Irache, uma fonte curiosa – uma fonte de vinho, isto mesmo, a *Fuente del Viño* – construída pelas Bodegas Irache em um dos seus muros por onde passa o Caminho de Santiago; com um convite aos Peregrinos para que provem desta que é a bebida dos deuses. Claro que devemos degustar apenas, de maneira contida e reservada, como o Arcano II, e prosseguir.

*"Peregrino – Se queres chegar a Santiago com força e vitalidade tome um gole deste grande vinho e brinda pela felicidade".*

*Brindando à felicidade!*

E seguindo, bem à frente, encontrei o Monastério de Irache, uma construção medieval cheia de grades de ferro nas janelas que, ao longo de sua história, serviu de hospital aos Peregrinos, universidade e escola religiosa. Parei e fiquei refletindo e perguntando-me como seria viver enclausurado entre aquelas paredes e percebi que A Grande Sacerdotisa também vive em uma espécie de clausura. Quanta história deveria ter ali, sob o manto daquele lugar!

Continuei minha Jornada e, logo em frente, encontrei um pequeno grupo de japoneses, que, numa bifurcação do Caminho, estavam em dúvida para onde seguir. É importante ter um mapa à mão para reconhecer os Caminhos alternativos, que de vez em quando aparecem. Caminhei um pouco com esse grupo por perto, o suficiente para perceber características inerentes a este povo tão doce: o silêncio era aparente, a interiorização, apesar de juntos, e o respeito quando um deles falava; era bom sentir a energia que pairava sobre eles.

Distanciei-me e cruzei os povoados de Azqueta e Villamayor de Monjardín, ambos muito pequenos, mas com resquícios e impressões da Idade Média. Foi um trecho do Caminho muito cansativo, com muito sol e aridez e, assim, como ontem, foi um dia de Caminhar sozinha, com pouquíssimos Peregrinos passando por mim, o que me favoreceu nas orações do Rosário, que em geral faço ao Caminhar, visto que percorro longas distâncias e, desse modo, evito parar para realizá-las.

Às 17h cheguei ao meu destino do dia, o pequenino povoado de Los Arcos, que possui em torno de 1.120 habitantes e teve seu desenvolvimento em função da passagem dos Peregrinos a Caminho de Santiago de Compostela. Localizei Johnny e fui ao seu encontro, tomei um banho, fiz os meus registros, e fomos jantar.

*Los Arcos me recebe com muito sol e calor.*

Caminhar na vibração de A Grande Sacerdotisa foi uma experiência muito gratificante, pois senti que ela me deixou com a sensibilidade mais apurada; ficou muito nítida a percepção da sua alma falando comigo, além de perceber também o Sagrado implícito não somente na natureza, mas nas coisas criadas e deixadas pelos homens de boa vontade.

### *Conselho de A Grande Sacerdotisa*

- Paciência

A vida tem o seu próprio tempo e somente a paciência nos trará entendimento da atuação do tempo dentro dela, saber esperar o tempo certo é uma virtude de poucos.

# O Caminho de A Imperatriz

*De Los Arcos a Logroño*

Na noite anterior, fizemos a meditação de A Imperatriz e amanhecemos, então, com toda a "Força" em sua vibração. Trouxe-nos, junto com ela, o primeiro dia do verão, 21/06/2018, no Hemisfério Norte. A Imperatriz nos brinda com abundância, satisfação com a vida, criatividade. É a senhora das estações, conectada com a mãe Terra; enquanto A Grande Sacerdotisa é a interiorização, A Imperatriz é a exteriorização e expansão, é a beleza, o instinto maternal, e foi com esta energia que comecei o dia e fiz a minha Peregrinação.

Meu destino de hoje, Logroño, estava distante 28 km, teria muito pela frente, por isso, tomei o café um pouco mais cedo e, exatamente às 08h, deixei o povoado de Los Arcos, com Johnny me acompanhando até a saída, nos despedimos, e saí.

*Deixando Los Arcos.*

O dia começou quente, com o sol cobrindo os campos de trigo e as plantações de uvas, que estiveram presentes por todo o trecho até Logroño.

O primeiro povoado, Sansol, tem aproximadamente 120 habitantes; com sua graça, recebe os Peregrinos que passam por suas memórias registradas em suas paredes datadas do ano 1200, aproximadamente.

*Sansol ao fundo, abrindo suas portas.*

Logo ao seu lado, encontra-se Torres del Rio, um pequeno povoado com registros da mesma época. Foi interessante o que vivenciei neste povoado: ao passar pela igreja local, Igreja do Santo Sepulcro, que segundo historiadores foi idealizada pelos Cavaleiros Templários, possivelmente entre os anos de 1160 a 1170 e construída à semelhança do Templo do Santo Sepulcro de Jerusalém, resolvi entrar para filmar o seu interior. Logo à porta, havia uma senhora que, ao me ver com a máquina filmadora, foi logo dizendo rispidamente que, para filmar ou fotografar, teria que pagar. Ela foi tão indelicada que senti vontade de voltar e não entrar no recinto, mas imediatamente me veio uma força interna e, em respeito ao local, resolvi não "tomar do veneno" oferecido pela mulher. Resignei-me, paguei o que ela queria e entrei; imediatamente ela mudou o comportamento, mostrando-se solícita. Perguntou de onde eu era e com quem estava; quando disse que caminhava só, mostrou-se preocupada, informando que nos próximos 12 km não havia infraestrutura e que eu deveria ter suprimento de comida e água. Reconheci na sua atitude uma porção negativa de A Imperatriz. Apresentava-se ríspida e senhora da situação, apesar de ter percebido que ela reconhecera sua indelicadeza. Decidi que não iria entrar na sua "energia", saí da Igreja depois de fazer minhas fotos e orações e a deixei com a sua angústia.

*Entrada de Torres del Rio.*

*Nave da Igreja do Santo Sepulcro em Torres del Rio.*

Para minha alegria, a 30 metros dali, havia um pequeno mercadinho; estava entrando, quando uma senhora se pôs do lado de fora; então, pedi uma garrafa de água e ela gentilmente apontou-me uma fonte à entrada do mercado, enchi minha garrafa, agradeci e saí; ela não me ouviu, pois falava com outra pessoa.

Andei uns 50 metros e voltei, fiquei incomodada pelo fato de ela não me ouvir agradecendo, ao me ver retornando foi logo perguntando: "voltou?" Disse que sim, que não havia efetuado o pagamento da água, o que ela não aceitou, insisti dizendo então que seria um donativo, entretanto, mais uma vez, meu argumento não foi suficiente, e ela não aceitou. Pegou meu braço carinhosamente, como se dissesse que queria mostrar-me algo, fazendo-me retornar para que lesse uma frase entalhada em uma pedra, a qual um escritor deixara em sua porta ao passar por ali. Dizia o seguinte: "*No tengas prisa por llegar pues no es la meta el destino las respuestas hallaras mientras haces el Caminho.*" (Não tenha pressa para chegar, pois as respostas não estão no destino, você as encontrará enquanto percorre o Caminho).

Durante todo o momento, ela foi muito amável, eu diria até maternal, pois segurando o meu braço, perguntou meu nome e caminhou comigo por uns 200 metros, quando então perguntei o seu e ela respondeu: “Iolanda”. Disse a ela que havia uma música linda com seu nome, e cantamos juntas: “Eternamente Iolanda...”

Ela falou um pouco sobre o Caminho, senti-me acolhida, protegida e, ao me acompanhar, deu-me a impressão da mãe que acompanha o filho até a saída para abençoá-lo. Foi o que ela fez: abraçou-me, deu-me um beijo no rosto e abençoou-me. Fiquei sem palavras e emocionada. Simplesmente repeti: “Eternamente Iolanda.”

*Foto em homenagem à Iolanda, visto que não a fotografei, mas foi neste local que nos encontramos e que nos despedimos... Eternamente Iolanda.*

Segui meu Caminho, pensativa e imediatamente lembrei-me do Arcano III, A Imperatriz, que exala esse instinto maternal. Foi muito bom, realmente senti que saí dali revigorada.

Havia andado apenas 8 km, teria ainda 20 km à frente, em um dia muito quente. O terreno apresentava-se muito acidentado, com muitos altos e baixos e qual não foi minha surpresa, após uma longa subida, deparei-me no alto com uma pequena igreja de Nuestra Señora del Poyo. Lá estava sua imagem, linda, com um braço segurava o menino Jesus e com a outra mão, o pão e o trigo; abençoava a região e a nós Peregrinos. Naquele momento, senti como um bálsamo aliviando um pouco o meu cansaço. É muito bom sentir o olhar de mãe cuidando da gente. Hoje o Caminho foi delas, da Mulher, de A Imperatriz.

*Igreja de Nuestra Señora del Poyo.*

*Detalhe da Igreja de Nuestra Señora del Poyo,*
*me remetendo ao Arcano A Imperatriz.*

Novamente, depois de muito Caminhar e de muito sol, estava à minha espera a *Virgen de las Cuevas*, outra imagem no Caminho, com o olhar dirigido para os Peregrinos; parecia que seu olhar se estendia sobre o Caminho, amenizando um pouco o cansaço dos seus filhos que por ali passavam.

*Virgen da las Cuevas.*

Andei muito ainda, em torno de uns 8 km, até que cheguei às imediações de Logroño. Parei numa sombra debaixo de um viaduto, devido ao calor e sol excessivos, quando então uma senhora que também estava ali, amavelmente me disse para descansar um pouco, pois acima, apontando-me um morro, não havia sombra e o sol estava muito forte. Obedeci como se obedece a uma mãe, porque foi esta "energia" que ela colocou – como se falasse com um filho –, mais tarde entendi. Caminhamos um pouco e descobri que ela estava fazendo o Caminho com um casal de filhos.

*Há flores no Caminho...*

E, assim, cheguei a Logroño, com "mães" cuidando de mim, no melhor de suas vibrações.

Entrei na cidade e fui localizar Johnny, demorei um pouco, pois Logroño é uma cidade maior, em torno de 150.000 habitantes, mas, enfim, cheguei ao hotel, tomei um banho, e fomos, Johnny e eu, comer. Estava faminta, após 31 km Peregrinando.

*Puente de Piedra ou Puente de San Juan de Ortega em Logroño, sobre o Rio Ebro, que dá passagem ao Peregrino.*

Estar permeada pela energia de A Imperatriz foi interessante, pensei que talvez fosse encontrar alguém para eu cuidar ou algo assim, e foi exatamente o contrário, eu que fui cuidada, amparada, como se me pegassem no colo para aliviar o meu cansaço. Também tive uma percepção sobre esse trecho, que foi árduo e difícil, mas ao final muito prazeroso, e assim também é o Caminho que as mães enfrentam na vida no ofício de educar, amparar, zelar e amar os seus filhos e que, ao final, lhes traz muitas alegrias!

### *Conselho de A Imperatriz*

- Desenvolvimento

Seguir e desenvolver-se a todo o momento, pois haverá sempre um olhar de uma "Mãe" a nos guiar e a nos confortar!

# O Caminho de O Imperador

*De Logroño a Nájera*

Antes de dormirmos na noite anterior, colocamos a meditação do Arcano IV, O Imperador. Foi sob sua vibração, organizada e disciplinada, que deixamos o hotel na cidade de Logroño para Nájera, distante 31 km. Johnny me acompanhou até a saída da cidade, e nos despedimos. Segui meu Caminho, com uma temperatura de 27 °C às 9h, muito calor...

*Deixando Logroño, gratidão por me receber.*

*Logroño com seus monumentos e parques maravilhosos.*

Fiquei encantada com a organização e beleza da cidade, cercada por belíssimos parques, muito limpos e com fontes de água potável espalhadas por eles, refletindo um governo sábio, zelando pelo seu povo, tal como O Imperador no seu aspecto positivo. Caminhei por uns 7 km na área do parque, com muitas pessoas fazendo atividade física.

O Caminho de hoje me chamou a atenção, pois estive praticamente o tempo todo em meio às plantações de uvas. Foram muitos quilômetros entre as videiras do famoso vinho Rioja, que é dessa região; sendo La Rioja a principal zona vinícola da Espanha. Seus vinhos estão entre os melhores do mundo, marcados por muita classe e elegância, além de complexos. Seus produtores buscam um perfeito equilíbrio entre a fruta e a madeira, já que trazem uma característica marcada pelo carvalho.

Comecei, então, a lembrar-me de que da videira – usada pelo médico inglês, Dr. Edward Bach, o criador dos famosos Florais de Bach, o qual desenvolveu 38 essências que compõem a sua Terapia Floral, de profunda eficácia e que trata a causa dos problemas –, origina-se o Vine, floral que trata a arrogância, o autoritarismo, a tirania, a inflexibilidade, que também são características do aspecto negativo de O Imperador.

*Minha gratidão à Logroño, que deixo ao fundo.*

Aos 13 km do Caminho, fiz uma parada na cidade de Navarrete, um povoado que acomoda aproximadamente 2.730 habitantes e que conta com histórias a partir do século XII. É caminho obrigatório para os Peregrinos que seguem para Santiago de Compostela; é berço de casas, palácios e monumentos que a tornam muito charmosa. Depois de passar por ela, segui com muito calor; porém, havia muitas nuvens e algumas brisas que comecei a chamar de "sopros de Anjo". Debaixo de um sol forte, parecia alguém se importando e cuidando de mim em momentos que não havia nenhuma sombra para refrescar.

*Navarrete me dando passagem. Gratidão!*

Entre videiras e vinícolas, comecei a refletir a relação delas com O Imperador. A sensação que tive é que fui invadida por uma "Força" que me deixava com autoridade, fortalecida, imensa, com domínio sobre mim mesma, muito diferente da "Força" que senti com o Arcano I, O Mago. Passava-me a impressão de refletir até mesmo fisicamente, pois, apesar de todo o esforço físico da longa Caminhada, não me sentia cansada, ao contrário, queria seguir Caminhando. Após passar pelo povoado de Navarrete, deparei-me com uma forte subida até uma pequena vila chamada Ventosa, onde parei para descansar e tomar um suco.

*Iglesia de San Saturnino, em Ventosa, um pequeno e acolhedor povoado que me deu passagem. Gratidão!*

Seguindo e subindo um pouco mais, alcancei o *Alto de San Antón*, em meio às videiras e com uma vista maravilhosa. Encontrei ali a sombra de uma abençoada árvore e parei para fazer as orações no meu Rosário, um refrigério para a Alma.

*Alto de San Antón, ao fundo à esquerda Nájera, o meu destino deste dia.*

Após as orações, comecei a descer, com atenção total em meus joelhos, evitando me machucar. Teria ainda uns 9 km para percorrer.

Nesse trecho não havia mais povoados, não passava ninguém, nem Peregrinos. Éramos somente Deus, o Caminho, o sol e eu. Entretanto, em um determinado momento, tive a percepção de que não estava só, segui Caminhando e não dei muita atenção, um pouco mais à frente veio novamente a sensação, olhei para os lados e atrás, mas não havia ninguém, estava só, fechei os olhos e fiz uma oração e continuei; foi quando, então, percebi do meu lado esquerdo, de forma fluídica, um "cavaleiro". Não senti medo, apenas continuei. Ele também seguiu, às vezes tinha impressão de ouvir o trote do cavalo.

Terminei a descida e antes de cruzar o asfalto para chegar a Nájera, havia um cartaz divulgando uma encenação, que estava acontecendo na cidade, a respeito de uma lenda que há na região sobre o soldado Roldán contra o gigante Ferragut. O Caminho de Santiago de Compostela é repleto de lendas, fica a dica de pesquisa para quem gosta. Qual não foi minha surpresa ao ver que o cavaleiro que se encontrava no cartaz era idêntico ao "cavaleiro" que me acompanhava e que continuava ali, ao meu lado, como se estivesse me escoltando conduzindo-me ao meu destino.

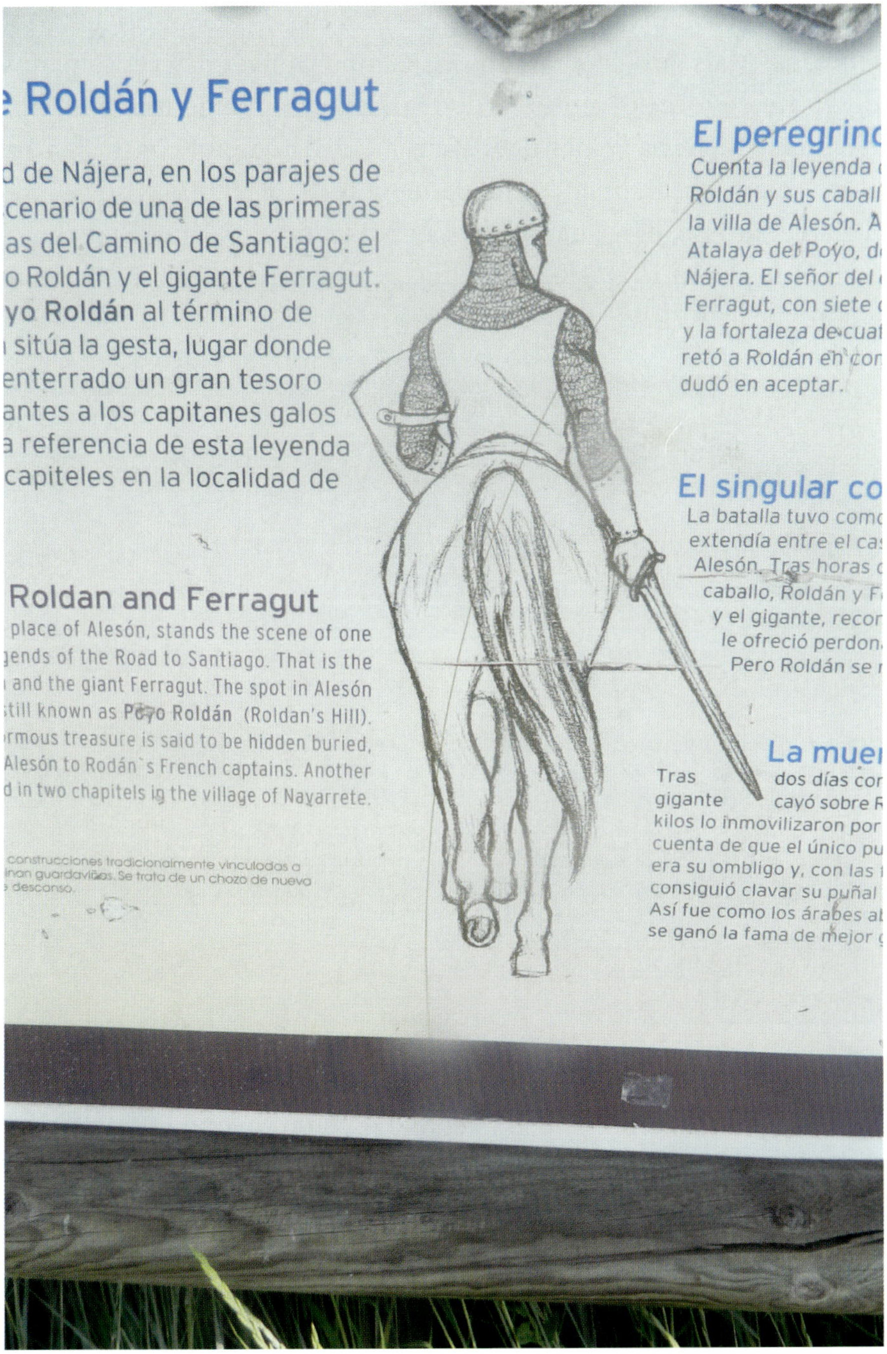


*Assim era o cavaleiro que me acompanhava entre as videiras.*

Dessa forma, "escoltada", cheguei a Nájera, cidade de origem pré-romana. Mais tarde, foi um dos mais importantes enclaves romanos dessa área e teve seu período de maior esplendor na Idade Média. No século VIII, os árabes ocuparam a cidade que foi construída na atual Nájera e ficaram impressionados com as altas colinas que a protegiam. Por isso, eles a chamavam de Naxara (lugar entre as rochas). Seus feitos históricos estão refletidos em seus monumentos, festejos e obras de arte.

Apesar da longa distância percorrida, do sol forte e das emoções advindas das percepções que tive, estava muito bem e disposta, não me sentia cansada. Localizei Johnny na cidade, tomei um banho, e fomos comer; quando, então, fui relatar os acontecimentos a ele, que sempre me ouviu com toda paciência. Antes de dormir, coloquei a meditação do Arcano seguinte, mas o vídeo travou e acabei dormindo e não fazendo a meditação.

# O Caminho de O Imperador

## *De Nájera a Santo Domingo de la Calzada*

*Pelas ruas de Nájera...*

Como todos os dias, exatamente às 05h30min, o despertador nos acordou, entrei no banho, me arrumei e em pouco tempo estávamos tomando o café da manhã. Aconteceu um fato interessante: na noite anterior, não conseguimos, Johnny e eu, fazer a meditação do Arcano V, O Papa; então, tentei fazê-la pela manhã e, novamente, o vídeo travou e não consegui concluí-la. Resolvi que iria continuar na vibração de O Imperador, acreditei que aquilo era um "sinal do Alto" e assim o fiz. Aproximadamente às 09h, deixei o hotel que nos acolheu, La Cepa, com destino a Santo Domingo de la Calzada, distante 21 km. Johnny me acompanhou até a saída da cidade, fizemos nossa oração, e nos despedimos.

*Rio Najerilla, que cruza a cidade de Nájera.*

Sob o sol forte e muito calor, Caminhei entre videiras por muito tempo ainda e antes de chegar ao povoado de Azofra, tive a mesma percepção que havia começado no dia anterior, à qual não dei muita atenção. Novamente senti a presença de um "cavaleiro medieval" ao meu lado esquerdo, e parecia me conduzir. À medida que fui

Caminhando, senti fortemente várias presenças por toda a minha volta; era algo fluídico, muito bonito e ao mesmo tempo emocionante. Em momentos, estava cercada por uma tropa de cavaleiros, dando-me a impressão de que estava sendo "escoltada" por eles. Nesse instante, fui invadida por um fortíssimo sentimento de que algo ou alguém cuidava de mim, me protegia, se preocupava comigo. Comecei a sentir o amor, a preocupação paterna porém muito diferente da materna. Era algo intenso, sem afagos, sem doçura; havia somente o objetivo de cumprir a "missão" que lhes cabia e que, naquele momento, era apenas de me proteger. Foi então, que não aguentei e comecei a chorar, chorei muito, chorei alto; diria que "lavei a Alma", chorei uma dor imensa que estava no meu peito. Eu tenho muitos bloqueios no Chakra Laríngeo e o que percebi – naquele momento – foi um emaranhado de nós saindo no choro, que não era contido; ao contrário, eu gritava e dei graças a Deus de estar no meio das videiras e sem nenhum Peregrino por perto. Primeiramente, chorei de emoção por sentir que alguém se importava comigo, pela energia paterna que me permeava naquele momento e que rapidamente associei ao O Imperador, que também é o "pai", mas que não esconde a sua rudeza. Ao longo do Caminho, fui tendo contato com outras memórias, que, na verdade, percebi que foi uma mescla das minhas memórias ancestrais, com as da minha infância e, também, com as do local. Chorei muito, a dor da Alma.

*As videiras do famoso vinho Rioja...*

Eu sou de uma família do interior de Minas Gerais, Campestre. A primeira de um total de cinco filhos. Meus pais, pessoas simples, lutaram muito para nos educar, passaram por muitas dificuldades, mas venceram. Sei que nunca foi fácil, a cada tempo era uma adversidade diferente que eles enfrentavam.

Mamãe, mulher guerreira, de Fé, sempre ao nosso lado, viveu e vive uma vida de renúncia por seus filhos e netos. Doce e meiga, ao mesmo tempo uma Fortaleza, é o Pilar Espiritual e Emocional da casa. Fala pouco, suas atitudes falam por si mesma. Dessa forma, fui aprendendo com ela. Serei eternamente grata por tudo o que fez e faz por mim, por tudo que me ensina no seu silêncio.

Papai, homem trabalhador, guerreiro, nunca o vi perder um dia sequer de trabalho. Ao contrário, ele nunca ficou inerte, sempre correu atrás de uma atividade laboral, nunca o vi de férias. O trabalho foi um exemplo forte que ele deixou em mim. Ao mesmo tempo, sempre foi um homem muito rigoroso, muito duro comigo e meus irmãos, principalmente com os dois mais velhos. Ele não precisava de motivos para nos bater ou nos colocar de castigo o que, confesso, me fazia sentir medo dele. Hoje, eu olho para ele e o compreendo, vejo o arquétipo de O Imperador, rígido e preocupado em trazer o dinheiro para a família; o que também o afastava muito de casa, já que em nossa cidade era difícil o trabalho e isso o levava para os grandes centros, principalmente São Paulo. Quando estava próximo de sua vinda, ficava feliz, entretanto também sentia uma angústia, um medo de algo estar errado e sermos castigados por isso.

Hoje, eu me conectei com o Arcano IV e com alguns bloqueios que trazia comigo com relação à rigidez do meu pai, atribuí a isso grande parte do meu choro e transbordamento emocional.

Depois da emoção, chorei também a dor da rudeza, da falta de carinho, de afago e de suavidade. E foi em prantos que encontrei um senhor à minha frente, um italiano de Milão, de nome Josef, o qual percebi que estava mancando. Naquele momento, estava recebendo tanta generosidade do Universo, do Alto, que precisava ser generosa também; então, perguntei se estava bem, e ele me disse que sentia dores e que ficaria no próximo povoado. Não tive coragem de deixá-lo e resolvi acompanhá-lo; ele, por sua vez, foi muito discreto e nada falou sobre o fato de eu estar visivelmente com cara de choro. Sua presença foi me acalmando e logo me harmonizei, embora ainda me sentisse "escoltada", o que aconteceu durante todo este trecho do Caminho. Chegamos ao povoado de Azofra, que dá passagem aos Peregrinos com destino a Santiago de Compostela e tem uma população aproximada de 280 habitantes. Sua tradicional hospitalidade vem de longe. No século XII, no ano de 1168, foi fundado um hospital de Peregrinos cuja igreja era dedicada a São Pedro; também contava com um cemitério de Peregrinos que morriam no Caminho. Fiz um vídeo do senhor Josef, me despedi e segui. Entrei numa cafeteria, comprei água e continuei;

queria sair logo do povoado e ficar só. As sensações e percepções continuavam intensas. Vinham em ondas e a cada vez que elas chegavam, sentia vontade de chorar, era algo muito doloroso, cortante.

*Meu carinho especial ao povoado de Azofra, que me recebeu com flores.*

*O Peregrino Josef que conheci neste trecho,*
*gratidão pelos passos dados na sua companhia.*

*Azofra deixada pra trás.*

Aos poucos, as videiras foram diminuindo e mesclando-se às plantações de trigo. Senti, então, que dentro de mim ia ficando também mais suave, o que me levou ao entendimento de que O Imperador, para cumprir o seu papel, precisa da suavidade da Imperatriz; e que, talvez, ele até tenha essa suavidade dentro dele, porém, protegida por uma “armadura”.

*O charme e o cuidado na seta de indicação do Caminho.*

E, dessa forma, passei pelo povoado de Cirueña, que abriga um lindo clube de golfe.

Neste trecho, especialmente, me senti muito abençoada por ter tido acesso a essas sensações e, também, em imensa gratidão às descobertas que afloraram e aos "cavaleiros", que me acompanharam durante todo o dia até Santo Domingo de la Calzada. Do mesmo modo, o momento de oração no Rosário foi especial, de muito agradecimento ao meu pai, de perdão, mas, também, de ser perdoada porque despertei muitas boas memórias associadas a ele e que, na verdade, não existiam conscientemente.

*Um momento de descanso às portas de Cirueña.*

Camino de
Santiago
Comunidad Autónoma La Rioja
Grañón
Santo Domingo
Cirueña
Azofra
Nájera
Ventosa
Navarrete
Logroño
VARATUBA
ZERO FLATS

*Eu e o Peregrino, em Cirueña.*

*Santo Domingo de la Calzada a me esperar.*

Foi assim que cheguei ao meu destino, às 15h30min, ainda sob o sol forte e calor.

Localizei o Johnny, tomei um banho, e fomos almoçar. E, claro, ainda chorei muito ao contar a ele tudo que vivenciei. Fiquei dois dias sob a vibração do Arcano IV, O Imperador, e entendi o motivo pelo qual não consegui fazer a meditação do Arcano seguinte, O Papa; a vivência do dia me aguardava, estava preparada para mim. Tive a percepção de que existe uma "Força" muito potente no Arcano IV, O Imperador, o que o torna organizado, líder, comandante; da mesma maneira, o reveste de uma "armadura", deixando-o inflexível, mas, se conseguirmos transpô-la, encontraremos uma suavidade adormecida.

## Conselho de O Imperador

- Vontade
- Organização
- Planejamento

Permita-se emergir O Imperador em você e conhecerá, com eficácia, os bons resultados.

# O Caminho de O Papa

*De Santo Domingo de la Calzada a Belorado*

Quando Johnny chega a uma cidade para buscar um hotel, segue muito a sua intuição, pois, como já disse, não fizemos nenhuma reserva prévia de acomodação ao longo do Caminho de Santiago de Compostela. Descobriu uma hospedaria, na qual foi atendido por um homem, em Santo Domingo de la Calzada; interessante o fato de que no dia de vivenciar o Arcano O Papa, dormimos numa cidade com o nome de um santo, um pequeno povoado com aproximadamente 6.500 habitantes e repleto de histórias desde o século X. Como o local nos atendia, ele aceitou e se acomodou no quarto oferecido.

Uma das sincronicidades com a vivência deste Arcano se deve ao fato de que, o dia de hoje, 24/06/2018, é comemorado também o dia de São João, com grandes festejos por toda a Espanha e também no Brasil.

Quando cheguei, no final do dia, ao entrar naquele ambiente, fui remetida à época que fiz o ensino médio escolar, que era em um colégio administrado por freiras. Senti a mesma energia, embora não tenha visto nenhuma freira nos arredores.

*Aqui passamos a noite e foi também o nosso encontro com as irmãs da Ordem Cistercience.*

Na noite anterior, coloquei a meditação do Arcano V, O Papa, e dormimos conduzidos por ela.

Novamente, acordamos às 05h30min, preparamo-nos e descemos para tomar o café da manhã exatamente às 07h30min. Para minha surpresa, fomos atendidos por freiras da Ordem Cisterciense de San Bernardo. Sem querer, nos hospedamos em um Mosteiro da Abadia Cisterciense de Nossa Senhora da Anunciação, instalado ali desde o ano de 1610.

O café da manhã foi preparado por elas, que amável e gentilmente nos serviram. Falaram sobre a Ordem e a respeito de todas as atividades que realizam, como restauração e encadernação de livros e documentos antigos. Um dos poucos locais existentes na Espanha que conseguiu combinar delicadeza e constância de freiras de clausura com as técnicas e a maquinaria mais avançada utilizadas na restauração de papel antigo e encadernações.

Além disto, também confeccionam Rosários, feitos à mão, que, aliás, tive o prazer de comprar alguns para presentear e, também, fazem produtos artesanais comestíveis.

Às 09h pontualmente, deixei o Mosteiro sob o olhar carinhoso das freiras, trocamos abraços e fizemos fotos. Fiquei muito emocionada ao me despedir de uma delas, nascida na Índia, que me abençoou e disse: *"El más importante de todo es estar conectado com Dios"* (O mais importante de tudo é estar conectada com Deus). E apontou para a imagem de Cristo acima de nossas cabeças.

*Momento emocionante, ela me entrega o Rosário e me abençoa dizendo que o mais importante na vida é estar conectada com o "Alto", claro que eu chorei.*

E foi dessa forma e nesta energia do "Alto", que deixei o povoado de Santo Domingo de la Calzada para ir ao encontro de Belorado, distante aproximadamente 26 km.

Johnny, como sempre me acompanhou até a saída do povoado. Fizemos um pequeno *tour* derramando um último olhar às suas construções, sob um céu muito azul e ensolarado. Fizemos nossas orações e nos despedimos.

*Uma escultura em homenagem aos "Bicigrinos", Peregrinos de bicicleta.*

*Deixando Santo Domingo de La Calzada com suas belas construções.*

Segui o meu Caminho refletindo sobre o que aconteceu logo de manhã; na sincronicidade de estar na vibração de O Papa e acordar em um Mosteiro, tendo somente tomado conhecimento que ali residiam 19 freiras no momento do nosso café da manhã – sendo as primeiras pessoas que vimos no exato dia de vivenciar este Arcano. Também vejo isso nas singelas palavras da freira indiana ao dizer exatamente o que representa o Arcano V: a conexão com as "Forças do Alto" é o mais importante. Esta conexão sempre nos apontará para a consciência ética, em qualquer situação, para que possamos enfrentar os desafios e vencer os nossos medos.

*Ponte de Santo Domingo.*

O Caminho de hoje não foi menos difícil, estava muito quente e não havia uma nuvem no céu, nem sequer árvores para refrescar um pouco. Isso me fez refletir sobre o Caminho que nos conduz ao "Alto", que, também, não é nada fácil; temos que ser determinados, focados e, principalmente, buscar a Fé dentro de nós para que nada e nenhuma força contrária nos desviem do nosso propósito. Para que não sejamos tomados pelo desânimo – já que diariamente travamos todos os tipos de batalhas –, sabendo que quando optamos pelo Caminho da luz as trevas se fortalecem para nos enfraquecer.

*Cruz de Los Valientes representa uma disputa medieval entre Santo Domingo de La Calzada e Grañon, hoje irmanadas.*

Neste pequeno trecho de 26 km, passei por cinco povoados: Grañon, Redecilla del Camino, Castidelgado, Villoria de Rioja e Villamayor del Rio; todos muito pequenos, mas com histórias que atravessam os séculos, acolhendo o Caminho de Santiago de Compostela – que passa por eles – e, do mesmo modo, os Peregrinos, que exaustos, derramam sobre eles o seu cansaço, mas também a sua alegria, pois não há cansaço mais gratificante do que o de Peregrinar por este Caminho.

*Um dia, um Caminho e a oportunidade de despir minh'alma para me encontrar.*

Lembrei-me que, além desta energia maravilhosa do Arcano V, o dia também era especial, um domingo, dia que para muitos cristãos é consagrado à oração, à espiritualidade e a vibração fica mais elevada.

*Igreja de São João Batista em Grañon, domingo de céu azul e muitas andorinhas.*

Durante as minhas reflexões, num determinado momento, senti um pouco de receio por estar fazendo a vivência dos Arcanos Maiores, sobre o que viria pela frente e, imediatamente, lembrei-me do ensinamento de O Papa, a conexão com o Alto para transpor os momentos difíceis e, assim, saí da frequência do medo e da incerteza.

*As belezas do Caminho são incontáveis, é preciso que a Alma também veja.*

O sol estava muito forte e não havia sombra ao longo do Caminho, se via ao longe os campos de trigo; resolvi, então, fazer as minhas orações no Rosário, o Alimento Espiritual que energiza o corpo físico e que suaviza o Caminhar. Desta forma e nesta energia de muitas bênçãos, vou deixando para trás a comunidade de La Rioja e abrindo os braços e o coração para Caminhar por Castilla e Léon.

*Entrando na comunidade autônoma de Castilla e Léon, gratidão por me receber e abrir as portas para que eu cruzasse suas terras.*

*Uma parada em Redecilla del Camino, uma fonte à entrada do povoado, é lindo ver o banco à direita todo tomado pelas lavandas.*

Depois de caminhar em torno de 26 km, cheguei à cidade de Belorado, com o sol forte, mas um dia espetacular de céu azul e beleza ímpar. Sou muito grata e me sinto abençoada pela oportunidade que o Universo me concedeu, pela minha saúde, meu corpo perfeito para poder desfrutar de tamanha beleza.

Fui recepcionada por vários ninhos de cegonhas construídos na torre da igreja, não fiz fotos, apenas vídeos, que poderão ser encontrados em meu canal do Youtube. Depois do vídeo e de me perder um pouco nas estreitas ruas de Belorado consegui localizar Johnny, que se hospedou fora do centro histórico.

*Chegada a Belorado com sol forte e céu azul, uma bênção.*

*Hotel onde nos hospedamos em Belorado.*

Caminhar com o Arcano V, O Papa, é constantemente ser permeado pelo Sagrado, é deixar emergir o nosso Mestre Interior e Espiritual. Na sua vibração, tive a nítida sensação de uma espécie de "blindagem energética", que ao mesmo tempo me fortalecia e me deixava "gigante".

## *Conselho de O Papa*

- Desenvolvimento Espiritual
- Religare
- Elo entre o corpo físico e o Espírito
- Fortaleza

ETAPA 11 DE 34 25/06/2018

# O Caminho de Os Enamorados

*De Belorado para San Juan de Ortega*

Na noite anterior, coloquei a meditação do Arcano VI, Os Enamorados, que traz suavidade e trata do amor de uma forma simples e pura. Por vezes, coloca-nos diante de importantes tomadas de decisões, nas quais o coração deverá ser consultado. Acordar na vibração deste Arcano é, sem dúvida alguma, viver um momento harmonioso, e foi assim que amanheceu o nosso dia, com a alegria do amor recíproco. Levantei-me cedo, me arrumei, tomei o café da manhã e em torno das 09h deixei o hotel com destino a San Juan de Ortega, distante 24 km. Johnny me acompanhou até a saída da cidade, como sempre, fizemos nossas orações, ele me abençoou, e segui o meu Caminho.

*Seguir com suas bênçãos fez toda a diferença. Serei eternamente grata.*

Logo de manhã, o sol já estava forte e fazia muito calor; este trecho seria de muitas subidas, mas me encontrava muito bem. Apesar de já ter andado aproximadamente 300 km, desde a minha saída de Sain Jean Pied de Port (França), não sentia nenhum cansaço ou dores. Percebi que algumas bolhas estavam se formando nos meus pés, comecei, então, a cuidar delas e a protegê-las para não ferir-me. Este trecho do Caminho ofereceu poucas áreas de sombra e um céu infinitamente azul, sem uma nuvem sequer.

*De Belorado a Tosantos.*

Passei por quatro povoados: Tosantos, Villambistia, Espinosa del Camino e Villfranca Montes de Oca; todos muito pequenos, mas com mais de 1.000 anos de memórias, que mereciam um tempo maior para conhecer um pouquinho mais dessas histórias e suas lendas também.

*Povoado de Villambistia com a Igreja de San Estebán ao fundo.*

*"Bicigrinos" do Caminho.*

Após uns 12 km, aproximadamente, depois de ter cruzado o povoado de Villafranca Montes de Oca, comecei a subir uma montanha chamada de *Montes de Oca*. O Caminho que até o dia anterior tinha estado mais plano, hoje começou a modificar-se e neste trecho, especialmente, estava mais solitário do que o normal; por alguns momentos, estava me sentindo a única Peregrina do mundo, caminhei quilômetros sem cruzar com nenhum Peregrino.

*Subindo o Montes de Oca.*

E, dessa forma, comecei a subir a montanha que tinha uma vegetação mais fechada, como um bosque. Chegando a uma clareira, em um ponto mais alto - com uma vista maravilhosa -, encontrei uma placa que descrevia o tipo de vegetação local e os animais que ali viviam (javalis, lobos, gato do mato e outros). Confesso que me arrependi de ter lido a placa, pois, num momento de fraqueza, deixei que um medo enorme invadisse meu ser causando grande desconforto. Decididamente tomei uma decisão errada, a de sentir medo, e me vi correndo de lobos e javalis bosque adentro, visto que não iria retornar.

*Placa especificando o tipo de vegetação e animais encontrados no Montes de Oca.*

*Subindo o Montes de Oca.*

Corri muito, subindo a montanha; havia momentos que o ar parecia faltar, mas queria sair o mais rápido possível dali. Continuei apressada e com medo, até que numa curva da trilha, bem ao longe, avistei duas senhoras, com aproximadamente 70 anos, muito tranquilas, com mochilas enormes, pareciam passear no bosque. Senti-me aliviada com elas por perto, como se isso fosse mesmo resolver caso um animal faminto aparecesse. Viraríamos as três, comida de javali.

*As Peregrinas, já idosas, que junto comigo, virariam comida de javali.*

Passada a forte emoção do medo, acalmei-me e fui fazer as minhas orações enquanto Caminhava, comecei também a refletir sobre o Arcano VI e tentar sentir com o que estava me sintonizando além do medo que havia sentido. Fui aos poucos me conectando com dois momentos da minha vida, na adolescência, nos quais duas pessoas desencarnaram precocemente, mas que não morreram em meu coração. Percebi, já na maturidade, que quando há amor, o tempo não destrói, e nem a morte pode dissolver o sentimento singelo e puro que nutro por elas.

*Uma suave companhia na vibração do Amor.*

Aconteceu também um fato interessante, todas as vezes que ia entrar na vibração de um novo Arcano, pegava a carta dele no baralho de Tarô e carregava comigo para, desta forma, sintonizar-me melhor com sua energia. Entretanto, não sei como aconteceu, deixei cair a carta de Os Enamorados e não percebi e, para minha alegria, quem encontrou foi o próprio Johnny na recepção do hotel. Imediatamente, achei que isso fosse um sinal para que ficasse um dia a mais na vibração do Arcano VI e decidi, então, continuar com Ele por mais um dia.

Foi muito duro percorrer os últimos 13 km deste trecho, sem nenhum povoado, de sol muito forte, pouquíssimos trechos com sombra e algumas dúvidas sobre o Caminho certo, aliás, o suficiente para eu reafirmar algo em mim que detesto sentir: dúvida. Em alguns pontos, a sinalização me deixou sem saber por aonde ir e algumas vezes segui muito a minha intuição, o que deu certo.

*Uma estrada solitária.*

E assim, segui até San Juan de Ortega, um minúsculo povoado; foi o menor no qual dormimos desde o início da minha Jornada, com aproximadamente 18 habitantes. Possui um mosteiro construído por volta do ano de 1142, um albergue, um hotel, um restaurante; os Peregrinos dão um pouco de movimento e vida ao povoado, uma vez que o Caminho de Santiago de Compostela cruza a sua praça.

Neste dia, também, pela primeira vez, desde que comecei a Peregrinar, cheguei ao destino primeiro que o Johnny, que estava de carro, mas que atrasou sua saída do hotel para concluir um capítulo de seu novo livro. Senti-me muito mal ao chegar e não encontrá-lo me esperando, tive mil preocupações passando em segundos pela minha cabeça e mil dúvidas também. Imediatamente, vieram-me à lembrança o medo que havia sentido ao subir a montanha e que estava vibrando no Arcano VI; sendo que a decisão de sentir dúvidas, preocupações ou quaisquer outras emoções dependiam somente de uma decisão minha.

Resolvi aquietar minha mente, respirei fundo e fui visitar a igreja do Mosteiro de San Juan de Ortega e, assim, esperar que Johnny chegasse – o que não demorou. Logo estávamos juntos fazendo o nosso *check-in* no hotel.

*Praça de San Juan de Ortega, com a igreja e o mosteiro que leva o nome da cidade.*

Tomei um banho, lavei minhas roupas e ainda aproveitei o sol para secá-las, já que o pôr do sol estava acontecendo depois das 21h30min. Após o jantar, ainda fui registrar os meus momentos do dia e confesso que, fazendo uma retrospectiva dele, percebi que tive um melhor entendimento deste Arcano, que nos deixa realmente com muitas dúvidas pairando sobre nós, mas a grande tacada é buscarmos o nosso centro, respirarmos fundo para encontrarmos a resposta dentro de nós, pois é lá que a encontraremos. Eu também faço um trabalho de associar música com cada Arcano, mas isso acontece de forma não planejada. Quando menos espero, a música chega, me apontando e conectando a determinado Arcano. Especialmente nesta carta, ainda não havia acontecido nenhuma associação; foi quando chegou, como se fosse um *download*, a música que, a meu ver, cabe muito bem no Arcano Os Enamorados, "Amante à moda antiga", de Roberto Carlos.

Bem, fomos dormir novamente sob a energia de Os Enamorados em um hotel rural, pequeno, mas muito acolhedor, sinceramente, uma energia própria para enamorados.

*Hotel Rural La Henera.*

# O Caminho de Os Enamorados

*De San Juan de Ortega para Burgos*

Hoje, estaremos mais uma vez na vibração e acompanhados pelo Arcano VI, Os Enamorados. Desta vez, coloquei a carta que havia perdido no dia anterior num lugar seguro.

Deixei o hotel por volta de 07h45min, com Johnny me acompanhando até a saída do povoado de San Juan de Ortega. Não tomei o café da manhã, pois o hotel o serviria muito tarde, atrasando assim a minha Caminhada, já que eu teria pela frente em torno de 30 km até Burgos, onde passaria a noite.

*Começando o dia.*

*Um lugar para sempre no coração.*

À saída da cidade, fizemos nossas orações agradecendo e pedindo proteção para o dia que teríamos. Sempre deixo Johnny com o coração "apertado", fico preocupada, pois ele segue de carro pelas rodovias, mas – graças a Deus – tudo sempre corre bem.

*Johnny retornando para o hotel, e o meu coração "apertado".*

*A manhã estava dourada e inebriante.*

Este foi um trecho especialmente lindo, o sol ainda estava bem suave e ainda era possível ver o orvalho da madrugada nas plantas, que exalavam um perfume sem igual. Passei por um bosque de pinheiros, com o sol entrando entre as árvores, formando lindos feixes de luz pelo Caminho.

*Como não ficar em êxtase com tanta beleza.*

Em pouco tempo avistei o povoado de Agés, um lugar muito agradável. Decidi tomar o café da manhã numa cafeteria chamada *El Alquimista*, cujo imóvel tem cerca de 400 anos. O dono fez vários ambientes muito acolhedores, um mercado, algumas mesas para o café, um balcão com livros; era visível o amor que fora colocado ali, me senti muito bem no local.

*Agés acordando para me receber. Gratidão por abrir suas portas para eu passar.*

*Cafeteria El Alquimista, acolhida por uma casa de 400 anos.*

Depois do café, segui para Atapuerca, um povoado minúsculo, mas que é Patrimônio da Humanidade. Trata-se de um sítio arqueológico e paleontológico, com achados de fósseis de pelo menos quatro espécies distintas de hominídeos (habitantes primitivos).

*Sítio arqueológico, Patrimônio da Humanidade.*

*A escultura olha para o leste, para o nascer do sol.*

*"Há mais de 800.000 anos o homem já via o amanhecer deste mesmo lugar."*

Após cruzar Atapuerca, subi o Monte Matagrande, um lugar cercado por uma região militar. Estava um dia especialmente muito bonito, ensolarado, céu azul, sem nuvens e ventos e com uma boa visibilidade. Foi quando, após ter subido uma boa parte da montanha, olhei para trás, lá embaixo a planície e os povoados por onde passei, tendo ao fundo montanhas que também havia cruzado; então, como sempre faço, agradeci a oportunidade de estar ali, agradeci a todas as portas que foram abertas nos acolhendo, ao Johnny e a mim, a todas as pessoas que nos receberam com carinho e também àquelas que não demonstraram nenhum afeto. Abençoei com todo o meu coração tudo que estava deixando pelas terras onde havia pisado.

*Subindo o Monte Matagrande.*

*Do alto do monte olhando pra trás, a emoção de ter sido acolhida por estas terras, minha gratidão eterna.*

Mas hoje, especialmente, ao fazer isto, conectei-me com alguma memória muito dolorosa, não sei se minha ou do lugar, que me fez chorar muito. Senti, olhando para aquelas terras, uma saudade profunda, que se misturava com uma dor de ser levada para longe, sem que quisesse ir; deixava ali todo o meu amor, todo o meu coração e, assim, com essas percepções e sensações dentro de mim, ferindo o meu coração, fui subindo a montanha em prantos. As sensações vinham como ondas e quando chegavam eram como uma espada cravada no meu peito. Sentia uma dor física, até que no alto da montanha, encontrei um crucifixo imenso, ali chorei mais e muito mais ainda, Ele parecia me esperar, aproximei-me Dele, pedi perdão e também perdoei...

*Cruz de Matagrande parecia me esperar aos 1078 metros de altitude.*

Era tanta emoção que resolvi sentar-me por ali mesmo para fazer este registro. Para intensificar o que estava vivenciando, Johnny me enviou uma mensagem, exatamente naquele instante, mostrando-me o quanto estávamos sintonizados naquele meu momento doloroso, oferecendo-me uma música, que deixo aqui a letra.

## Eu Preciso de Você
(Plinio Oliveira)

*Vem ser*
*A alegria das manhãs*
*O abraço, a mansidão*
*Nesse mundo onde a dor*
*Não escolhe ninguém*
*Basta ter um coração*

*Vem ser*
*A folia, o elã*
*O afago, o perdão*
*Tanta falta faz o amor*
*Adorar, querer bem*
*E chamar alguém de irmão*
*Eu preciso de você*
*Temos tanto que fazer*
*Tudo em volta pede a força*
*Da nossa amizade*
*Pode crer*

*Eu preciso de você*
*Será que você não vê?*
*Que sozinho ninguém faz*
*Da vida a felicidade*
*Que é viver*

*Eu preciso de Você*

*Neste lugar parei para fazer estes registros, estava com as emoções à "flor da pele".*

Após fazer as anotações e ouvir várias vezes a bela música que me foi oferecida, deixei o Monte Matagrande sem outras emoções; nem precisaria de mais, pois aquelas, daqueles momentos já foram suficientes, e me remeteram ao Arcano VI, Os Enamorados. Foi quando senti o amor que deixei para trás, amor pela terra e pelas pessoas e aquela mistura de saudade e de dor de ser levada para longe, quando sem direito à escolha fui arrancada de onde estava.

E, desta forma, fui descendo a montanha e passando por vários povoados, Villaval, Cardeñuela Riopico e Orbaneja Riopico, todos muito pequenos. Neste último, aconteceram dois fatos engraçados que, claro, não havia como não associar ao Arcano que estava vivenciando, já que ele trata dos envolvimentos afetivos e dos desejos; é a carta dos amantes, além, é claro, de abordar o tema das escolhas, onde teremos o nosso livre arbítrio. Vivi um pequeno assédio de um senhor muito idoso, que passando pela rua aproximou-se e me cumprimentou estendendo a mão, o que eu correspondi, já que era um morador local com idade pra ser meu avô, mas ao final da minha gentileza, ele me pediu um beijo; delicadamente me desvencilhei e segui meu Caminho, achando muito engraçado. Mais adiante, um motorista de táxi, também idoso, parou o carro e queria que eu entrasse nele para me "ayudar", segundo ele, também deixei de lado, em ambos os casos fiz a minha escolha, e segui meu Caminho.

Passei pelo último povoado que me levaria a Burgos, Villafría, distante ainda 10 km do meu destino.

*Ao fundo a cidade de Burgos,*
*ainda teria muito que caminhar até o meu destino de hoje.*

*As flores do Caminho se abrindo para minha passagem.*

*Um gesto carinhoso de um morador local que nos enche de energia. Gratidão.*

*Impossível não fotografar, impossível não derramar o olhar da Alma sobre elas.*

A chegada a Burgos, uma cidade bem maior, com aproximadamente 180.000 habitantes, foi muito cansativa, pois se Caminha muito num trecho industrial, bem urbanizado, em avenidas movimentadíssimas. À entrada, senti muita falta de sinalização para nós Peregrinos, o que me deixou um pouco tensa, mas, ainda sim, foi neste trecho que fiz minhas orações no Rosário. Posso afirmar, com toda propriedade, que este é o momento do refrigério para qualquer dor, seja emocional ou física; o cansaço de andar 30 km sob o sol forte desaparece, as bolhas nos pés não incomodam mais, enfim, um "Anjo" nos carrega no colo nestes momentos. O Rosário, para mim, é uma das "Forças" mais poderosas do Universo.

*Chegada em Burgos.*

*Uma cidade movimentada de difícil chegada.*

Depois de muito andar dentro da cidade, com uma temperatura de 37 °C, encontrei Johnny à porta do Hotel Centro Braseros, que me recebeu com muito amor. Subimos, tomei um banho, cuidei com todo amor das bolhas que já se formavam nos meus pés e descansei um pouquinho antes do jantar.

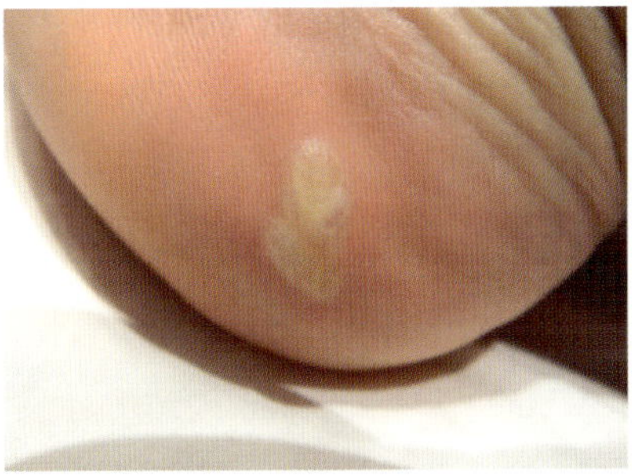

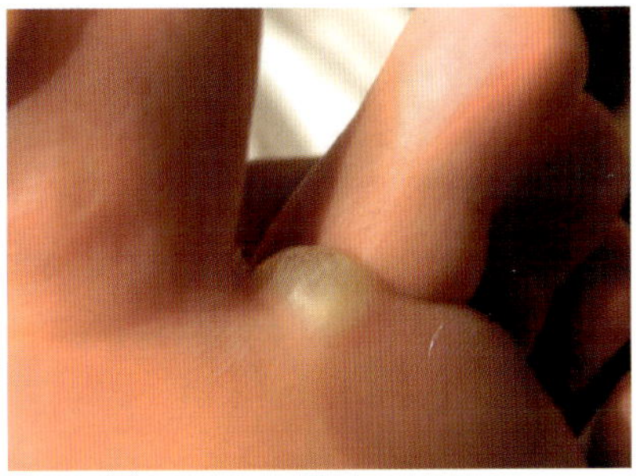

*Depois de aproximadamente 300 km Caminhados, "elas" vieram me brindar com sua presença.*

Ao sairmos para o jantar, fizemos um pequeno *tour* pelo centro histórico de Burgos; a cidade merece um tempo maior de visitação, é muito linda, recomendo esta parada aos Peregrinos que podem fazê-lo.

*Igreja de San Lesmes Abad, patrono de Burgos, cujo corpo está sepultado em seu recinto.*

*Catedral de Burgos, dedicada à Virgem Maria, construção iniciada no ano de 1221, hoje Patrimônio da Humanidade.*

*Um dos portais de entrada para o centro histórico da cidade.*

*Vista do Río Arlanzón em sua passagem pela linda e acolhedora Burgos.*

O jantar acabou sendo um jantar bem intimista no Restaurante *Taberna La Posada*, pois ficamos a sós na área destinada às refeições e depois nos recolhemos para o descanso merecido.

Na vivência com o Arcano VI, Os Enamorados, ficou bem claro para mim a questão do Amor, tive a percepção nítida da nuance singela, simples e pura do amor verdadeiro, que transcende, que não encontra barreiras, nem na morte e nem no tempo.

É clara, também, a questão das dúvidas, das escolhas a que somos submetidos neste Arcano; durante os dois dias que estive nesta vibração, me vi em várias situações, ao longo do Caminho, nas quais tive que fazer escolhas, onde me deparei com Caminhos alternativos, alguns com indicações e recomendações de qual Caminho seguir, mas outros sem nenhuma referência; tive que seguir minha intuição, ouvir meu coração para que pudesse seguir adiante.

Fiquei muito feliz de vivenciar esta carta, senti que algumas dúvidas que tinha com relação a Ela foram sanadas. E, imensamente agradecida ao Universo por esta oportunidade, por todas as "Forças" que se movimentaram e estão ainda se movimentando para que possa cumprir o que me foi destinado.

### *Conselho de Os Enamorados*

- O Amor

Sinta o Amor no seu coração e deixe-se levar por ele, que o guiará diante de suas dúvidas.

# O Caminho de O Carro

*De Burgos para Hornillos del Camino*

Após o longo dia de ontem, dormimos ao som da meditação do Arcano VII, O Carro, acordamos sob sua vibração, o que, é claro, torna tudo mais dinâmico. Foi assim que despertei, preparei-me rapidamente, descemos para o café da manhã. E, tal como a carta do baralho de Rider Waite, senti-me o próprio condutor deixando a cidade de Burgos, em torno das 09h, com destino ao povoado de Hornillos del Camino, distante 20 km.

*Deixando o Hotel Centro de Burgos.*

Encontrava-me feliz e saí repleta de vontade em localizar as marcações do Caminho, visto que acabei me desviando um pouco, por ser Burgos uma cidade bem maior; aproveitamos, é claro, para um pequeno *tour* e algumas fotos para o meu acervo.

*Plaza Mayor de Burgos e a escultura de um leitor de jornais (escultor anônimo).*

*Catedral de Burgos – Porta de Santa Maria.*

Johnny me acompanhou até que encontrássemos as famosas "*setas amarillas*", indicação do Caminho de Santiago de Compostela. Despedimo-nos, nos abençoamos um ao outro, e segui meu Caminho, sentindo dentro de mim a energia de perseverança, de otimismo e autoconfiança, que encontramos no Arcano O Carro.

*Puente de Malatos que dá passagem ao Caminho de Santiago de Compostela.*

*Daqui eu sigo sozinha.*

Estava ansiosa, também, com o jogo do Brasil pela Copa do Mundo 2018, Brasil x Sérvia, marcado para essa data, e queria chegar logo para me preparar para esse momento.

Não gosto, nem entendo nada de futebol, mas os jogos do Brasil na Copa do Mundo tocam o meu coração, acho que os da maioria dos brasileiros.

Aconteceu um fato interessante, aliás, dois fatos. Em geral, em todos os trechos que já percorri, cruzei por vários povoados, passando por dentro deles – o que aprecio muito. Adoro esta oportunidade que temos de conhecer a região, passando pelas portas das casas, cumprimentando os moradores locais, vendo no olhar deles a receptividade pelos Peregrinos e em alguns, a indiferença. Além de que, é, também, a oportunidade de nos suprirmos com água, alimento, uso do banheiro, um pequeno descanso, etc. Ainda em Burgos, passei pela *Ermita de San Amaro Peregrino*; San Amaro foi um penitente francês que fez o Caminho de Santiago de Compostela. Terminada a Peregrinação, se estabeleceu em Burgos dedicando sua vida aos pobres e aos Peregrinos enfermos que chegavam ao Hospital del Rey. Seus restos mortais encontram-se nesta capela.

*Ermita de San Amaro Peregrino, Caminho que segue pelas ruas de Burgos.*

*Um Peregrino solitário.*

No trecho de hoje, eu teria três povoados à minha frente, sendo o primeiro Villabilla de Burgos. Nas proximidades da estrada que me levava a este povoado, vi uma área de descanso com mesas, fontes e um gramado bem cuidado. Resolvi, então, fazer uma parada para usar o protetor solar, já que o sol estava alto e muito forte. Feito isso, reposicionei-me e segui. Estava muito afoita e somente após uns 600 metros, percebi que me distanciava do povoado; entendi, então, que havia pegado um caminho alternativo que contornava a pequena cidade. E, claro, quando me dei conta, fiquei muito aborrecida comigo; pensei em voltar para retomar o Caminho original, mas me contive, afinal não estava perdida, apenas peguei um Caminho mais rápido. Parei, respirei fundo para me aquietar e me remeti ao Arcano O Carro.

*Paisagens do Caminho.*

*Solidão.*

Percebi algumas características negativas de O Carro no que estava acontecendo comigo: a ansiedade, a impulsividade, o agir de forma rápida e impensada. Foi exatamente assim que me vi ao pegar o Caminho alternativo: desatenta, precipitada, sem prestar atenção, agindo por impulso.

Então, resolvi focar mais no Caminho e observei que andei por alguns quilômetros entre rodovias de alta velocidade. Cruzei vários viadutos que passavam por cima destas estradas e os atravessei por debaixo também, sentindo a imponência deles em tamanho e em sonoridade, pois a proximidade deixava altíssimo o som dos carros que por ali passavam.

*Cruzando o viaduto que passava por cima da estrada.*

*O som dos carros fica muito alto quando estamos embaixo dele.*

Entre um povoado e outro, Caminhei muito ao lado de estradas de asfalto, sempre muito atenta, pois elas são movimentadas e muitas vezes teria que cruzá-las. Achei muito interessante e, claro, muito pertinente ao Arcano VII que é uma carta de movimento, agilidade e rapidez.

*Caminhando ao lado de estradas movimentadas.*

Dessa forma passei por Tardajos, uma pequena localidade com aproximadamente 950 habitantes, mas com mais de 800 anos de história. É interessante como o Caminho é repleto de povoados até com mais de 1.000 anos de história e ainda se mantêm pequeninos.

*Entrando em Tardajos.*

*Fui recebida por "golondrinas", andorinhas em festa, visível na foto e por cegonhas em seus ninhos na torre da igreja.*

Caminhei pouco mais de 3 km e cheguei a Rabé de las Calzadas, um local que me chamou a atenção. Desde que entrei nele, senti uma energia diferente, que parecia me acolher; fiz até uma pequena filmagem entrando na cidade, no qual falo exatamente sobre isso, assista o video no meu canal do Youtube.

*Rabé de las Calzadas, um lugar especial, para sempre no meu coração.*

*Ao fundo a torre da Iglesia de Santa Marina.*

Outro fato que achei interessante foi quando, já saindo do povoado, entrei num albergue para comprar água e selar minha credencial de Peregrino e sentei-me à mesa para um lanche.

*Albergue Liberanos Domine, muito carinho no atendimento. Gratidão.*

Queria comer um pão, porém o pedaço vendido era muito grande; coloquei à senhora, a qual veio me atender, que não consigo ingerir tanta quantidade. Ela, muito solícita, perguntou qual o tamanho que eu gostaria que cortasse e assim foi feito. Comi o pão, com tomate e alface, bebi uma Coca-Cola, ficando agradecida por sua disponibilidade em me servir.

Senti uma energia muito boa nela e, quando terminei de comer, paguei a conta, foi quando, gentilmente, ela me ofereceu uma Medalha Milagrosa de Nossa Senhora das Graças; fiquei feliz e emocionada ao mesmo tempo. Sou devota de Nossa Senhora das Graças e já tive uma experiência maravilhosa com Ela, que transformou a minha vida. Agradeci, quase que em prantos, perguntei o seu nome, e ela me disse: "Clementina". Novamente fiquei feliz e surpresa! Disse-lhe que é o nome de minha amada mãe e que ela é Legionária de Maria; faz, na sua cidade, vários trabalhos voluntários. Ela, então, mais uma vez, gentilmente me deu outra medalha para que levasse de presente para minha mãe. Foi nesse momento, que ela me disse que no povoado há um Monastério de Filhas de Caridade a serviço de Nossa Senhora das Graças, onde são distribuídas as Medalhas Milagrosas (sua história tem origem em Paris em 27/11/1830). Acho que era essa energia que senti quando entrei no povoado e que ficou registrada no vídeo que fiz. Pedi, então, para fazer uma foto dela, nos despedimos com o coração imantado de uma energia maravilhosa, que sabíamos era da nossa Mãe Rainha. Foi muito especial e elevo meu coração em gratidão por momento tão sublime.

*Medalha Milagrosa de Nossa Senhora das Graças (frente e verso).*

*Clementina, uma "luz" colocada no meu Caminho em Rabé de las Calzadas; gratidão.*

Segui o Caminho, emocionada, chorando um pouco, é claro, pensativa sobre qual a relação deste acontecimento com o Arcano O Carro; continuei o Caminho, fazendo antes uma parada à saída do povoado na *Ermita de Nuestra Señora do Monastério*, construída no século XVI. Segundo a história, ela leva esse nome em honra ao monastério que existiu na Antiguidade neste local; e acolhe a imagem da Virgem Maria, que foi encontrada no mesmo lugar onde foi construída a capela. Após essa visita, dei início às minhas Orações no Rosário.

*Ermita de Nuestra Señora do Monastério, construída no século XVI.*

Teria ainda pela frente em torno de 8 km, sem nenhum povoado, apenas Deus, a estrada, o sol que estava muito quente e eu, em êxtase com a energia recebida.

*Deus, o Caminho e eu.*

*O Caminho, onde minh'alma fala com Deus.*

Um pouco mais tarde, comecei a ter uma "percepção" e lembrei--me que na carta do Arcano O Carro, no baralho de Rider Waite, que é o baralho com o qual trabalho e ofereço aos alunos que fazem os meus cursos de Tarô, a imagem do carro é coberta por um tecido azul com estrelas brancas, indicando um céu estrelado e simbolizando que o condutor é filho da Rainha do Céu. Neste instante, entendi a "mensagem" daquele momento especial que me foi oferecido em Rabé de las Calzadas: em qualquer situação que nos encontremos, ainda que afoitos ou cheios de ansiedade pelo que está nos aguardando, ainda que não estejamos muito conectados com as "energias mais elevadas" que nos permeiam, e que as coisas mundanas nos distanciem delas, há sim uma "Força Maior", um "Olhar" sobre nós, cuidando da gente. Basta apenas um momento de isolamento, de reflexão, de "coração aberto" para perceber estas "mensagens", que a mim chegam com frequência e de mancira inesperada; mais uma vez, a gratidão fez morada e cresceu no meu "Coração".

E, foi assim, com o "Coração" em festa, que continuei o Caminho, e ao longe avistei o povoado de Hornillos del Camino, pequenininho e acolhedor. Com Johnny à minha espera e, como sempre, com muito amor e carinho. Fomos muito bem recebidos neste local.

*Ao fundo o povoado de Hornillos del Camino e uma alegria imensa no "Coração".*

*Entrando no povoado.*

É muito gratificante e acolhedor chegar ao destino do dia, após uma longa Caminhada e ter alguém nos esperando. E, foi assim, com muita alegria no "Coração" e muita gratidão que ao entrar numa pequena curva avistei Johnny vindo ao meu encontro, me recepcionou e me levou ao hotel que já me aguardava.

*Johnny vindo ao meu encontro e preparado para o jogo Brasil x Sérvia, pela Copa do Mundo.*

*La Casa del Abuelo que carinhosamente nos acolheu, para o descanso merecido. Gratidão.*

Após me acomodar, tomei um banho, me alimentei, com Johnny me contando que, desde que iniciamos a nossa Jornada, indo para a França, onde comecei o Caminho, foi o primeiro dia que teve que abastecer o veículo que alugamos. Achei muito interessante, pois "alimentou" o automóvel justamente no dia em que estávamos na vibração de O Carro, o Arcano VII.

E, para finalizar o dia, de forma vitoriosa, como este Arcano promete, o Brasil venceu a Sérvia por 2 x 0 e classificou-se para as Oitavas de Final, como primeiro lugar do grupo.

Fiquei muito feliz com as relações do Arcano O Carro e os acontecimentos do dia, mas o meu olhar fixou-se mesmo na "mensagem" que senti. Veio de "Altas Esferas" para sublimar e enfatizar que neste Arcano, embora muito terreno, haverá momentos que teremos que nos conectar com as "Forças do Alto", a fim de entendermos e lidarmos com as forças contrárias que estarão brigando dentro de nós, representadas pelas imagens das esfinges, no baralho de Rider Waite, e, com habilidade, dominá-las.

### *Conselho de O Carro*

- Diligência
- Perseverança
- Objetivo

Ainda que as coisas mundanas nos desviem das "Energias Sublimadas", devemos lembrar que as "Forças Superiores" estarão sempre derramando um "Olhar" sobre o Caminho a percorrer.

# O Caminho de A Justiça

*De Hornillos del Camino a Castrojeriz*

Na noite anterior, dormimos ao som da meditação do Arcano VIII, A Justiça. A partir do Tarô de Rider Waite, desenvolvo todo o meu trabalho com o Tarô. Seu criador, Arthur Edward Waite, fez uma inversão de lugares entre as cartas A Justiça e A Força, sem dar nenhuma explicação.

Quando vou fazer a vivência do Caminho Iniciático, através dos Arcanos Maiores, mantenho a posição original das cartas A Justiça VIII e A Força XI, por sentir que este posicionamento faz todo o sentido no Caminho de Evolução da humanidade ou mesmo individualmente, e o encontramos nos Arcanos Maiores do Tarô.

Então, amanhecemos sob a vibração desse Arcano, A Justiça, que trata da retidão, da igualdade, da harmonia e da Lei de Causa e Efeito.

Interessante que esta noite sonhei com uma aluna de Reiki do Instituto, muito querida por sinal, que é uma juíza aposentada. Antes disso, sua filha, advogada, havia me enviado uma mensagem importante e eu havia me esquecido de tomar providências. Ao acordar, pensei em sua mãe e no sonho que tive e, imediatamente, lembrei-me da mensagem e fui dar o retorno a ela.

*Deixando a linda e acolhedora Hornillos del Camino.*

Deixei o pequeno povoado de Hornillos del Camino, cuja população é de aproximadamente 70 pessoas, em torno das 08h45min, com Johnny me acompanhando até a saída. Claro que antes tivemos um momento de desfrutar da travessia da pequena cidade e aproveitamos para fazer algumas fotos, em seguida nos despedimos e nos abençoamos.

*Ao fundo a Iglesia de San Román.*

*Hornillos del Camino, uma saudade.*

*Parecia que a cidade me oferecia rosas quando passei pela sua última casa.*

Eu teria pela frente 20,5 km e fazia uma manhã fria e nublada, o que fez render a Caminhada até o pequeno Albergue San Bol, fechado, aliás. Até este albergue, foram 7 km e mais 5 km até a cidade de Hontanas, de completa solidão, nenhum Peregrino passou por mim. A umidade chegava a umedecer meu rosto parecendo um afago à alma, ao mesmo tempo em que me remetia ao Arcano A Justiça, pois era frio e gelado.

*Manhã linda, Caminho exuberante, palavras nunca conseguirão expressar.*

*Momento de falar com Deus.*

*A cruz, um dos símbolos do Caminho.*

*Albergue San-Bol, estava fechado.*

O único povoado deste trecho, Hontanas, também muito pequeno, abriga em torno de 75 pessoas. Particularmente, achei um lugar especialmente charmoso, que acolhe os Peregrinos que passam por sua rua principal, e que no período da Primavera e do Verão dão mais vida e movimento ao povoado.

*Hontanas acolhendo os Peregrinos.*

Em Hontanas, cheguei por volta das 11h30min. À entrada do povoado, à direita, um lugar agradável, uma fonte e uma pequena Ermita em homenagem à Santa Brígida da Suécia.

*Uma homenagem à Santa Brígida da Suécia, às portas de Hontanas.*

Achei interessante, em se tratando do dia que vivenciava o Arcano A Justiça, porque Santa Brígida da Suécia, segundo a história, teve um ministério de muita austeridade e severidade com ela mesma. Através de suas "visões" foram feitos acordos de paz e estabelecimento de relações políticas entre estados, tinha a missão de levar mensagens a políticos e líderes religiosos. Seu pai, irmão, avô materno e paterno, marido e filho, todos, conforme registros históricos exerceram a profissão de Juiz. Foi canonizada no ano de 1391 pelo Papa Bonifácio IX.

Após a visita à Ermita, parei na primeira cafeteria local, tomei um café, descansei um pouco e segui até a área central do povoado exatamente às 12h, com as badaladas do sino da igreja de Nossa Senhora da Imaculada Conceição anunciando a "hora grande", num som imponente e bonito.

*Depois de uma parada à entrada na cidade de Hontanas.*

*Cheguei à cidade de Hontanas exatamente às 12h, marcadas no relógio da igreja.*

Entrei na igreja, selei minha credencial de Peregrino e segui o Caminho. O sol brigou com as nuvens negras do princípio do dia e se mostrou majestoso e iluminado, trazendo muito calor ao restante do dia. Aproveitei para fazer as minhas orações diárias no Rosário e depois fui refletindo sobre a relação de A Justiça com os acontecimentos do dia. E, desta forma fui deixando para trás a acolhedora e pequenina Hontanas.

*Um olhar e um adeus, que não será para sempre, eu voltarei.*

Observei que estava muito preocupada e organizando, mentalmente, o que iria fazer ao chegar ao hotel, visto que era final do mês, já estava recebendo as contas que deveriam ser pagas até o próximo dia 05 e que teria que emitir notas fiscais para recolhimento de impostos. Foi assim que Caminhei, com todos esses "papéis" na minha cabeça, apreciando também os campos de plantações bem cuidados, alguns com sistema de irrigação e, então, me lembrava do Arcano A Justiça, que nos diz: "o que plantares haverás de colher", pois perante a Justiça Divina assim é e será.

*Campos de plantações bem cuidadas.*

Uns dois quilômetros antes de chegar ao meu destino de hoje, Castrojeriz, passei pelas ruínas do Convento de San Antón, fundado no ano de 1146; era destinado a atender os Peregrinos e a curar a doença conhecida como *"mal del fuego"*, comum na Idade Média.

*Ruínas do Convento de San Antón, fundado no ano de 1146.*

*Seus portais dão passagem ao Caminho de Santiago de Compostela.*

*Cruzando os portais, o que restou do convento.*

Em torno das 14h, avistei Castrojeriz, ainda Caminhei em torno de 2 km até entrar na cidade. A cidade fica na encosta da colina, mas sabe-se que sua origem se deu no topo, onde está o castelo que recebe o nome de Castro. Cerâmicas que apareceram em escavações na colina registram assentamento da Idade do Bronze, cerca de 1.500 anos a.C.

*Castrojeriz, na encosta da colina, e no seu topo o famoso Castillo de Castrojeriz.*

Até chegar à cidade, uma longa Caminhada. Trata-se de uma das rotas urbanas mais longas do Caminho; cerca de 2 km para cruzar toda a cidade. Logo na entrada, passei pela Igreja Colegiada de Santa Maria del Manzano, cuja construção começou no ano de 1214.

*Iglesia Colegiata Santa Maria del Manzano,*
*cuja construção começou em 1214, com vista ao fundo.*

*Iglesia Colegiata Santa Maria del Manzano.*

Entrei na rua principal que cruza toda a vila e fui localizar Johnny, que me aguardava, tomei um banho, e fomos almoçar.

*A rua principal de Castrojeriz que atravessa todo o povoado.*

Após uma leve "siesta", fui trabalhar um pouco e começar a movimentar os documentos para pagar as contas que venceriam nos próximos cinco dias, prefiro sempre pagá-las antes do vencimento.

No meu coração, senti que deveria ficar mais um dia na vibração de A Justiça. E, assim o fiz, amanhã, 29/06/2018, dia de São Pedro, estaremos também nesta mesma "energia".

# O Caminho de A Justiça

### *De Castrojeriz a Frómista*

Hoje, 29/06/2018, dia de São Pedro, continuávamos na vibração do Arcano A Justiça e, como nada é por acaso, tenho percebido uma enorme sincronicidade nesta minha vivência com os Arcanos Maiores. São Pedro está sincretizado ao Orixá Xangô, que é representado pelos livros e está ligado à Justiça, ao Direito, ao intelecto e ao conhecimento. Este Orixá está ligado à Umbanda, uma religião brasileira que tem como marco principal o sincretismo entre catolicismo, espiritismo e candomblé, religião afro-brasileira.

*Deixando o Albergue A Cien Leguas, que nos acolheu.*

Meu destino de hoje seria o povoado de Frómista, distante em torno de 25 km. Preparei-me para sair, mas somente após abrir meu computador, pagar todas as contas que estavam por vencer. No período de 01 a 05 de cada mês sempre pagamos funcionários, aluguéis e outros compromissos financeiros; como me encontrava num hotel com uma conexão de Internet rápida, achei melhor liquidar com antecedência, pois, desta forma, caminharia mais aliviada, sem correr o risco também de não encontrar uma *Internet* com boa velocidade que pudesse ter acesso aos bancos, etc.

Depois de tudo feito, descemos para o café da manhã; após, segui o Caminho. Devo confessar que minha "mochila" ficou bem mais leve com as contas pagas, agradeci. Ao quitá-las, sempre agradeço por ter tido condições financeiras de cumpri-las.

Johnny me acompanhou até a saída do povoado, aonde vimos um monolito em homenagem ao *"Milenário del Fuero"*, um grande feito no ano de 974 que, devido ao crescimento do vilarejo, o Conde Fernan González concedeu um importante Foro, onde tornou legal e reconheceu privilégios à população de Castrojeriz. Achei interessante, vivenciando a energia do Arcano A Justiça, uma homenagem a algo que foi legalizado há 1.000 anos.

*O monolito em homenagem ao "Milenário del Fuero", importante Foro para a cidade de Castrojeriz no ano de 974.*

*Cruzando Castrojeriz.*

Após cruzar toda a cidade, que tem em torno de 2 km de extensão urbana e fazer algumas fotos, me despedi de Johnny que regressou ao hotel; como sempre, fiquei com vontade de carregá-lo comigo, mas esta não era a missão dele nesta viagem; então, agradeci em oração a oportunidade que estava recebendo através dele e segui.

Continuei o Caminho e ouvi alguém me chamando, era uma pessoa que achava estar perdida, então, a orientei, e subimos rumo ao Alto de Mostelares. Com aproximadamente 1,3 km de subida, que com o sol quente torna-se bem mais difícil, mas, sem nenhuma dúvida, quando chegamos ao topo, somos convidados a uma pequena parada, pois a vista é encantadora.

*Ao fundo, o Alto de Mostelares com a trilha que dá passagem aos Peregrinos.*

*Ao fundo, a acolhedora Castrojeriz, que deixei para trás com seus campos bem cultivados.*

*Uma cruz e um monumento no topo do Alto de Mostelares.*

*Ao fundo, o que teria à frente, os campos bem cultivados também me aguardavam.*

Depois de passar pelo Alto de Mostelares, encontrei novamente a pessoa que eu havia orientado antes da subida. Caminhamos um pouco, e percebi que ela estava mancando, tinha alguma inflamação no pé, ofereci um *spray* para inflamações, o que ela aceitou e ficou feliz. Preferi, então, não a deixar para trás, pois iria ficar a uns 4 km dali. Diminuí meu ritmo, e seguimos juntas. Foi a primeira vez que Caminhei com alguém; ao final fiquei feliz porque, de alguma forma, cuidei dela um pouquinho.

*Maria, um doce encontro no Caminho de Santiago de Compostela.*

Caminhamos juntas por uns 10 km. Maria era seu nome, era colombiana, mas morava na Alemanha. Conversamos sobre vários assuntos; num deles, contava-me como era viver na Alemanha. Ela, latina, falava bastante e interagia bem com as pessoas, e, segundo ela, os alemães são muito reservados, mas disse ter aprendido muito com eles, principalmente nos quesitos retidão, disciplina e pontualidade, remetendo-me imediatamente ao Arcano do dia, A Justiça.

Despedimo-nos em Puente Fitero, ela ficou no Albergue de San Nícolas, um antigo hospital de Peregrinos.

*Maria à porta do Albergue San Nícolas, onde ficaria. Gratidão pela companhia.*

A partir daí, segui sozinha e fui mais rápida. Fiz minhas orações diárias no Rosário e fiquei pensando em tudo o que estava acontecendo. Novamente passei por belos campos, bem cultivados e com canais hidráulicos extremamente bem estruturados para distribuição de água, tudo isto me remetia à "mensagem espiritual" do Arcano A Justiça: "colhereis o que plantardes". Fiquei pensando como isto é forte, o plantio e o cuidado são diários, a vigília é constante, pois somos colocados à prova nas pequenas coisas.

*Campos bem cultivados ao longo do Caminho.*

Encontrei um senhor no Caminho oferecendo água e refrigerante, o valor era facultativo, a título de doação, ou seja, qualquer valor que achasse que valeria; juntei as moedas que tinha que somavam oitenta centavos de Euros, por uma Coca-Cola, o que muito me incomodou, então, peguei uma nota de 10 Euros e pedi que a trocasse. Ele me deixou à vontade para que eu mesma o fizesse, já que a caixa de dinheiro estava aberta sobre a mesa. Troquei e deixei o valor que achava mais justo para a sua mercadoria e trabalho. Saí dali refletindo sobre o acontecimento, pareceu-me que minha retidão e honestidade foram colocadas à prova, visto que a caixa de dinheiro estava à disposição. O senhor não se interessou em saber o quanto ou se eu havia adicionado ou subtraído algum valor; ao mesmo tempo, senti-me incomodada só de pensar na hipótese de ele duvidar da minha honestidade. No Brasil, não estamos acostumados a isso, ao contrário, vivemos constantemente com pessoas querendo levar vantagens, seja roubando, seja enganando, não generalizando, é claro. Sem dúvida que a associação ao Arcano A Justiça foi imediata; ela me permeava de todas as formas para se fazer presente e mostrar o caminho reto.

*Neste local encontrei o senhor a quem me referi acima, não fiz foto dele.*

Ao final do dia, concluí que A Justiça sempre irá nos colocar num ponto de equilíbrio para a retidão, para o que é justo, e, para isso, teremos que usar a razão e o coração.

Eu não poderia simplesmente deixar as minhas obrigações de pagar as nossas contas, organizar o que diz respeito ao meu trabalho e sair Caminhando com tudo isto na minha "cabeça" tirando a minha paz; quando o fiz, fiquei mais "leve", em equilíbrio comigo mesma.

O dia de hoje não foi nada fácil, com muito calor e sol o tempo todo, Caminhei em torno de 29 km. Passei pelo povoado de Boadilla del Camino, onde iria dormir, mas com pouca infraestrutura, decidimos que iria Caminhar um pouco mais até a cidade de Frómista, um pouco maior, que oferecia melhores condições de hospedagem.

Antes de chegar a Frómista, Caminhei por longo tempo às margens do Canal de Castilla, uma imponente obra de engenharia hidráulica do século XVIII construída para facilitar o transporte de mercadorias na região, tem em torno de 207 km de extensão.

*Canal de Castilla.*

*Após a travessia do Canal de Castilla a chegada em Frómista.*

Como sempre Johnny me aguardava na cidade, com alegria fui ao seu encontro e me recolhi para o descanso merecido após um banho maravilhoso seguido do jantar.

## Conselho de A Justiça

- Retidão
- Disciplina
- Equilíbrio
- Justiça

São sementes que, quando cultivadas, resultam em uma boa colheita e nos guiam para o Alto.

# O Caminho de O Eremita

*De Frómista a Carrión de los Condes*

Ontem, dormimos ouvindo a meditação do Arcano IX, O Eremita, e foi na sua vibração que, ao amanhecer, abri a janela do quarto me deparando com o nascer do sol incrivelmente maravilhoso. Depois de algumas fotos para registrar tanta beleza descemos para o café da manhã, que foi muito especial.

*O sol me dando as boas-vindas para o novo dia.*

Estávamos em um ambiente acolhedor e ao som de belas músicas que me tocaram profundamente, fazendo-me perceber que estava, naquele momento, mais sensível do que o normal. Após o café da manhã, preparei-me, peguei a carta do baralho de Tarô com a imagem de O Eremita e deixei o povoado de Frómista, com Johnny me acompanhando até a saída da cidade; claro, fizemos algumas fotos antes de deixar a cidade, registrando nossa passagem por ela.

*Igreja San Martín de Tours de Frómista.*

*Deixando Frómista.*

*A partir deste ponto segui sozinha.*

Eu teria 19 km pela frente e passaria por quatro povoados, todos muito pequenos, com não mais que 150 habitantes, porém com registros históricos dos séculos X a XII. Esse trecho até Carrión de los Condes, apesar de mais curto, foi um pouco cansativo, pois o Caminho se faz o tempo inteiro ao lado da estrada de asfalto.

*O Caminho dos Peregrinos, paralelo à estrada de asfalto.*

*Logo no início do Caminho, esta imagem, que imediatamente me remeteu ao Arcano que estava vivenciando no dia, O Eremita.*

O Arcano O Eremita sempre me chamou a atenção, antes mesmo de compreendê-lo. Há muitos anos, carrego comigo uma pequena imagem dele, de aproximadamente 8 cm, que me acompanhou durante todo o tempo que escrevi meu livro "Tarô – Um Caminho de Autoconhecimento", e essa mesma imagem tem me acompanhado desde que comecei o Caminho de Santiago. Tão forte O Eremita é para mim que também acabou sendo a capa do meu primeiro livro. Encanta-me o seu silêncio, discrição, o seu entendimento de que suas respostas somente encontrará dentro dele mesmo. Eu havia guardado esta pequena imagem, já havia algum tempo, quando, arrumando as malas, para esta viagem, estava procurando outra coisa e a encontrei. Senti naquele momento que ela teria que viajar comigo e assim o fiz, e quando comecei o Caminho intui que ela deveria ir comigo na minha mochila.

*A pequena imagem que há anos carrego comigo em todos os trabalhos de Tarô que faço.*

Hoje, tive uma percepção interessante, de que, além de fazer a meditação diária dos Arcanos e carregar comigo a carta relativa ao Arcano que estou vivenciando, tive a intuição de visualizar a carta gigante à minha frente como se fosse um portal e imaginar que eu o transporia – e assim o fiz, ou pelo menos tentei fazer; entretanto, não consegui atravessá-lo. Ao invés disso, sentia a imagem pequena que carregava na mochila alojada no meu timo, dando-me a sensação de que não poderia entrar pelo portal imaginário, visto que eu era o próprio O Eremita. Ao longo do Caminho, sentia que a imagem crescia dentro de mim e misturado a isso vinha uma emoção indescritível.

Como Peregrina, sinto-me Eremita, gosto do isolamento, de me buscar e ter uma compreensão do meu eu; contatar com a essência de O Eremita deixou-me com a emoção à flor da pele. Num determinado momento e por alguns segundos, tive a percepção de que encontro a minha Força quando faço a conexão com o meu eu e, através dele, conecto-me com as "Forças do Alto". Como todos os dias, fiz as minhas orações no Rosário e segui refletindo sobre o Arcano IX e no quanto me identifico com Ele, sendo que no Caminho de Santiago me encontro completamente na sua vibração.

Por alguns momentos, me surpreendi questionando sobre o cajado e a lanterna de O Eremita, seus significados e respectivos posicionamentos em suas mãos. O Caminho de hoje foi atípico, pois foi feito todo o tempo ao lado da estrada de asfalto, com muito movimento e barulho, comprometendo um pouco o meu trabalho com o Arcano, então, decidi ficar mais um dia na vibração de O Eremita.

No pequeno povoado de Revenga de Campos tive uma grata surpresa, fui recepcionada por lindas cegonhas que adoram fazer seus ninhos nas torres das igrejas.

*A charmosa Revenga de Campos me dando passagem. Gratidão.*

*Recepcionada por lindas cegonhas e alegres andorinhas.*

O sol nos brindou com seus raios e calor durante quase todo o percurso. Ao passar pelo povoado de Villálcazar de Sirga, não resisti, desviei-me um pouquinho do Caminho e fui visitar a igreja que avistara ao longe, ainda na estrada, a Igreja de Santa María la Blanca, que começou a ser construída no século XII e estava vinculada a Ordem dos Templários.

*Ao fundo, a Igreja de Santa María la Blanca em Villálcazar de Sirla.*

*Uma das naves da Igreja de Santa María la Blanca em Villálcazar de Sirga.*

Após a visita, continuei o Caminho e faltando em torno de 6 km para chegar ao meu destino, o céu escureceu à minha frente trazendo nuvens carregadas. Eu seguia em direção a elas e, confesso, fiquei preocupada que ocorressem, além da chuva, trovoadas e principalmente relâmpagos, pois me encontrava num descampado, sem nenhum lugar para me abrigar caso começassem as descargas elétricas, o que me deixou muito tensa.

*A partir deste ponto peguei chuva, trovoadas e relâmpagos.*

*Segui na Fé invocando Santa Bárbara, protetora contra tempestades, raios e trovões.*

Comecei a conversar comigo mesma, recordando-me de que acabava de fazer orações, pedindo proteção aos Peregrinos. Imediatamente lembrei-me também de Santa Bárbara, protetora contra os raios, tempestades e trovoadas e a invoquei, pedindo que espalhasse as chuvas pelos campos e que as tirasse da rota dos Peregrinos. A chuva chegou muito leve, com um pouco de vento; tive que usar minha capa, mas aos poucos a vi dando a volta pelos campos e, nos últimos 2 km, já não havia chuva, apenas um céu escuro de um lado e claro de outro.

*Nas proximidades de Carrión de los Condes.*

*Cheguei a Carrión de los Condes com a chuva em outras regiões.*

Dessa forma, cheguei ao pequeno povoado de Carrión de los Condes com aproximadamente 2.300 habitantes. Encontrei Johnny, que vinha ao meu encontro. Fomos direto ao almoço, pois estava com muita fome, preferi comer antes de chegarmos ao hotel.

*Johnny vindo ao meu encontro em Carrión de los Condes.*

Após o almoço, nos dirigimos ao hotel, tomei um banho e fui registrar os acontecimentos vivenciados, com Johnny também me contando como foi o seu dia como Escritor.

# O Caminho de O Eremita

## *De Carrión de los Condes a Terradillos de los Templários*

Exatamente às 05h30min tocou nosso despertador, chamando-me para um novo dia sob a energia de O Eremita, da janela do quarto eu vi o dia "acordando" lentamente.

*O dia ia aos poucos "acordando", preguiçosamente.*

Foi com Ele, O Eremita, que saímos para o café da manhã que seria em uma cafeteria fora do pequeno hotel onde nos hospedamos; de frente a uma estátua linda de um Peregrino em tamanho natural, passagem obrigatória para os Peregrinos.

*Monumento aos Peregrinos em Carrión de los Condes.*

Após o café da manhã, fizemos algumas fotos e aproveitamos para visitar a Igreja de Santa Maria do Caminho, um templo românico construído em meados do século XII e dedicado a Nossa Senhora das Vitórias. É a igreja mais antiga da cidade de Carrión de los Condes; ela já se encontrava aberta, apesar do horário, e havia algumas freiras fazendo orações com belos cânticos, o que tornou o momento muito especial e sublimado. Acendemos velas diante de uma imagem muito bonita de Santiago de Compostela e de um quadro de Nossa Senhora Desatadora dos Nós.

*Momento de oração diante da imagem de Santiago de Compostela.*

*No interior da Igreja de Santa Maria das Vitórias, as freiras em oração e cânticos.*

Após a visita e as orações, Johnny me acompanhou até a saída do povoado, como todas as manhãs, num gesto muito gentil e cavalheiro que, claro, deixa o meu dia muito melhor, sou muito grata por isso também.

*Johnny me indicando o que eu teria pela frente.*

*Meu último olhar, desta Jornada, para Carrión de los Condes. Voltaremos...*

Despedimo-nos, e entrei no Caminho que me levaria ao povoado de Terradillos de los Templários, distante 29 km.

*Cruzando o Rio Carrión que atravessa a cidade.*

Eram 09h, uma manhã linda e o sol já estava alto, então comecei a refletir sobre O Eremita, o Arcano IX; lembrei-me de que no dia anterior me peguei questionando sobre a lanterna na sua mão direita e o cajado na mão esquerda, mas não dei muita atenção ao fato. Todas as vezes que fiz o Caminho, usei um cajado de madeira e, desta vez, estou utilizando outro que comprei em Saint Jean Pied de Port, na França, onde comecei minha Jornada. Sempre o usei na mão direita; na mão esquerda, carrego um mapa, mania minha, adoro mapas.

*As inesquecíveis marcas do Caminho, as "setas amarillas".*

*Longos trechos solitários. Momentos de reflexão.*

Logo nos primeiros 5 km, comecei a ter algumas "percepções": a primeira foi de que eu deveria colocar no timo a pequena imagem de O Eremita que carregava na mochila, foi algo tão forte que o fiz; a segunda, de que uma "Força" inexplicável parecia empurrar o cajado para a minha mão esquerda, achei muito estranho, era algo intenso que fugia ao meu controle, então, obedeci. Tive um pouco de dificuldade, mas resolvi manter o cajado na mão esquerda e segui o Caminho.

*A chuva da noite deixando sua passagem.*

Aos poucos fui tendo várias "percepções", como se alguém falasse comigo; comecei a entender o meu questionamento do dia anterior, sobre o cajado na mão esquerda, que é a mão do inconsciente. Para os chineses, é a mão Yin (feminina), ligada à intuição; através dela, o cajado faz a conexão com o Alto e traz as "respostas" por intuição. Este é o simbolismo do cajado, além da prudência, na carta de O Eremita. E a lanterna acesa, na sua mão direita, são as respostas à luz da consciência.

*Enquanto refletia, o tempo ia se fechando novamente, sinais de chuva.*

Enquanto Caminhava, foram vindo outras "percepções" sobre o cajado, uma delas, de que eu deveria dormir com ele na minha cabeceira, pois ele seria um instrumento de *insights* que me chegariam através dos sonhos; após esta informação imediatamente abriu-se uma tela mental e me foi mostrada uma foto do escritor Paulo Coelho, tirada em Copacabana, Rio de Janeiro, com um cajado. À época que a vi, chamou-me a atenção, mas somente hoje tive a compreensão do motivo do cajado; era como se ele soubesse sua importância e de como o ajudaria nas suas "conexões".

Eu seguia o Caminho, que hoje estava especialmente isolado, favorecendo-me focar nas "percepções" que estavam chegando a todo o momento; mantive o cajado na mão esquerda.

Entre pensamentos e *insights,* tentei fazer o exercício de visualização da carta de O Eremita gigante à minha frente, como se fosse um portal que teria que transpor, foi emocionante. Via a carta gigante, imensa, mas ao invés de passar por ela, O Eremita saiu e se fundiu comigo, uma espécie de interação, entre mim e Ele. Comecei a entender a razão pela qual uma "Força" empurrava o cajado para a minha mão esquerda. Fiz todo o percurso deste dia com esta sensação, com esta interação. As "percepções" continuavam, e, em meio a elas, que vinham em ondas, fiz as minhas orações no Rosário, atenta a chuva que "prometia" cair.

*A chuva não demorou a cair.*

*Novamente Santa Bárbara em meu auxílio, a chuva deu voltas, caiu levemente e as descargas elétricas pareciam ser levadas por uma "mão invisível".*

Sentia-me com uma grande sensibilidade, gigante e fortalecida e, por mais que escreva, não conseguirei expressar o sentimento que me envolveu naqueles momentos. De repente, senti uma enorme gratidão por Arthur Edward Waite, o criador do Tarô de Rider Waite, e por Pamela Colman Smith, que desenhou o Tarô sob sua orientação, pelo trabalho tão maravilhoso e profundo e, neste momento de gratidão sincera, fiz uma oração para ambos. Eu Caminhava e levava a sensação de que se no dia anterior senti O Eremita alojado no meu timo, hoje era o contrário, me sentia alojada Nele e percebia que Ele me conduzia. Começou, então, um fluxo de ideias, que chegavam intuitivamente, sobre o meu trabalho, no qual poderia criar um baralho com os Arcanos Maiores a partir das fotos que estou fazendo ao longo do Caminho. Talvez oferecer isoladamente ou em conjunto com este livro, porém dando ênfase à "conexão espiritual", que estou percebendo com mais clareza nesta vivência. Comecei a me preocupar com as fotos, mas novamente um fluxo, uma ideia e quase uma "voz" a me dizer: "não se preocupe, somente faça as fotos." Tive a impressão de ver um grande trabalho meu em terras espanholas.

Já havia Caminhado em torno de 14 km, o tempo começou a fechar e a formar nuvens muito carregadas, mas não dava para parar, nem havia por perto nenhum abrigo. A única opção era mesmo seguir em frente, e foi o que fiz. Continuei o Caminho e comecei a questionar sobre o capuz de O Eremita, não demorou e veio a resposta de que era símbolo de proteção; foi quando caiu uma forte chuva, e tive que vestir minha capa.

Quando puxei seu capuz, ouvi novamente uma voz me dizendo: "este é o motivo dele (o capuz), para se proteger", já que era exatamente o que estava fazendo naquele momento, me protegendo da chuva.

*A chuva passou por mim; apesar da capa, me molhei bastante.*

E assim foi o meu Caminho de hoje na companhia de O Eremita, com muitas "percepções" e "orientações", com sol forte, calor e também muita chuva. Passei pelos povoados de Calzadilla de la Cueza, 17 km após sair do hotel, isto representa uma longa distância Caminhando só, sem interferências, o que me ajudou muito, facilitando as minhas "conexões" e quase chegando ao meu destino do dia, o povoado de Ledigos, ambos muito pequeninos.

*A chuva já havia passado por aqui quando cheguei ao povoado de Calzadilla de la Cueza.*

*A chuva foi e voltou mais serena, deixando o Caminho molhado.*

E foi sob a chuva e sol que cheguei ao Albergue Los Templários, onde Johnny me aguardava, tomei um banho e vim rapidamente registrar os acontecimentos do dia antes que me esquecesse dos ricos detalhes.

*Detalhes do Caminho, uma rara joaninha.*

*Albergue Los Templários, meu destino de hoje.*

Caminhar com O Eremita foi uma experiência única, muito enriquecedora, mas acima de tudo, senti que foi um "mergulho dentro de mim", que me trouxe a sensação de que havia me tornado uma "fortaleza", ao mesmo tempo em que me sentia "gigante".

## Conselho de O Eremita

- Recolhimento
- Silêncio
- Tempo

Imprescindíveis para encontrares as respostas que procuras.

ETAPA 18 DE 34 02/07/2018

# O Caminho de A Roda da Fortuna

*De Terradillos de los Templarios a Bercianos del Real Camino*

Na noite anterior, coloquei a meditação do Arcano X, A Roda da Fortuna e amanhecemos sob sua forte energia, "a roda do tempo" ou "a roda da vida", que está em constante movimento. Tomamos o café da manhã e, em torno das 08h30min, saímos do hotel com destino ao povoado de Bercianos del Real Camino, distante 26 km, com um dia parcialmente nublado.

Johnny me levou até a saída do albergue, que ficava a alguns metros antes de chegar ao povoado de Terradillos de los Templarios, e nos despedimos.

*Deixando o albergue.*

*O Caminho "dourado" pelo sol e por lindas flores amarelas.*

Ele seguiria ao povoado anterior para fazer a troca de uma mercadoria que havia comprado em uma loja local; foi quando retornou à estátua do Peregrino e fez uma *selfie*. Como sempre, em uma *selfie*, tal qual um espelho, ocorre a inversão da imagem: o cajado dele ficou posicionado na mão esquerda, mesma posição de O Eremita. Interessante também realçar que, até então, desde que começamos esta Jornada, foi a primeira vez que Johnny precisou retornar a um povoado anterior, justamente no dia que estávamos na vibração do Arcano X, A Roda da Fortuna, que faz esses movimentos não planejados. Como estava muito quente, pedi a ele que comprasse uma bermuda para mim, já que a loja abriria muito tarde e eu já teria seguido o Caminho. À noite, quando fui experimentar, o número era maior do que eu usava, por isso ele teve que retornar para a troca.

Segui meu Caminho, teria muito a Caminhar. Logo no início, resolvi fazer minhas orações do Rosário e, antes de passar pelo primeiro povoado, Moratinos, com aproximadamente 70 habitantes e com registros históricos que remontam ao ano de 1100, fiz também a visualização da carta A Roda da Fortuna, enorme à minha frente e me vi transpondo-a como se passasse por um "portal".

*O sol foi embora dando lugar às nuvens carregadas.*

*Uma rápida parada em Moratinos, pois já caíam algumas gotas de chuva.*

Aos poucos, fui tendo a percepção de que estava acomodada no centro de uma roda e, no Caminho inteiro, estive com essa sensação. Fiquei atenta e observando. Achei muito interessante, pois em meus cursos de Tarô, ou mesmo quando falo desse Arcano, sempre esclareço sobre a importância de buscarmos o seu centro, que, na verdade, nada mais é do que estarmos conectados com nós mesmos, e que essa conexão é feita no Arcano anterior, O Eremita. Por isso, a importância das lições que aprendemos do Arcano 0 ao IX. Com A Roda da Fortuna, teremos a grande tarefa de começarmos a colocar em prática o nosso conhecimento, aprendendo a lidar com os movimentos da vida. É o momento de usarmos da nossa sabedoria, que nada mais é que o conhecimento aplicado.

*A praça em Moratinos com andorinhas em "festa".*

Passei pelo povoado de San Nícolas del Real Camino, um lugar completamente deserto, a não ser por um morador local que, num momento de dúvida, apontou-me o Caminho que deveria seguir. Chamo essas pessoas de Anjos do Caminho, pois percebi que muitas das vezes, diante de alguma dúvida, apareciam pessoas ou um sinal para me guiar. Minha gratidão eterna.

*San Nícolas del Real Camino me recebeu com nuvens "pesadas".*

O próximo povoado seria Sahagún, um pouco maior, com aproximadamente 2.400 habitantes e com mais de nove séculos de história, um local mais agitado; demorei a atravessar a cidade, mas sempre com a sensação de estar alojada no centro de A Roda da Fortuna. Foi muito interessante, pois junto à sensação, percebia também um profundo equilíbrio e a "Força" de estar conectada comigo mesma, o que me fez sentir muita tranquilidade, harmonia e paz, dando um olhar diferente para as flores do Caminho; parecia que a minha energia estava em ressonância com a energia das flores.

*Uma parte deste trecho ao lado do asfalto, mas cercado de flores.*

*Margaridas silvestres pareciam "falar" comigo quando passei por elas.*

*Bernardo de Sédirac, abade de Sahagún e Alfonso VI, Rei de León.*

*Portal medieval ao lado do Monastério Beneditino de Sahagún.*

*Sahagún, centro geográfico do Caminho de Santiago de Compostela.*

Antes de sair do povoado, parei numa cafeteria e, ao entrar, vi uma gata preta meio rajada; lembrei-me dos meus gatos e senti saudades deles, brinquei com ela, que estava com uma barriga enorme cheia de gatinhos. Rapidamente, ela começou a se esfregar em mim, deitando-se no chão e pedindo carinho, não resisti, fiquei ali por uns vinte minutos brincando com ela; o dono, percebendo nossa empatia, trouxe outro gato que mais parecia um pequeno leopardo. Despedi-me dos gatos e o dono, emocionado pela troca de carinho, pediu-me um abraço e carinhosamente desejou-me: *"suerte para ti"*.

*Uma "amiga" no Caminho, cheia de gatinhos,*
*que me foram oferecidos de presente quando nascessem.*

Segui o meu Caminho emocionada e, ao atravessar uma ponte, havia um carro parado no semáforo com uma senhora no lado do carona e uma cachorrinha poodle no colo, bem pequena, que, quando olhou para mim, começou a latir. A dona abriu o vidro, então, aproximei-me, passei a mão em sua cabeça e percebi que ela tremia muito. Naquele momento, intuí que ela estava percebendo algo em mim, não sei se bom ou ruim. Justamente depois de ter brincado com uma gata preta, já ouvi que muita coisa pode acontecer...

*Um gato "leopardo", nome que dei a ele.*

*Puente Canto em Sahagun sobre o Rio Cea.*

Passei, então, pelo povoado de Calzada del Coto. Na verdade, o Caminho original não segue por ele. Ambos os Caminhos, original e alternativo, encontram-se num grande cruzamento de várias estradas, e acabei pegando-o e prosseguindo por ele, mas foi positivo, andei somente uns 2 km a mais, apesar de conhecer um povoado do qual não gostei muito.

Enfim, cheguei ao meu destino do dia, Berciano del Real Camino.

*Quando cheguei neste ponto, não estava me sentindo bem,*
*estes 5 km foram muito longos.*

*Chegada em Berciano del Real Camino.*

*Recepcionada por Johnny; o coração, claro, fica muito feliz.*

Minha chegada foi atípica, era o décimo oitavo dia Caminhando e o primeiro que me encontrava muito cansada, sentindo-me esgotada fisicamente; ao entrar no hotel, fui direto tomar um banho, bem quente e demorado. Tentei assistir ao jogo da Copa do Mundo, Brasil x México, mas não consegui; sentia muito frio, tomei uma aspirina e dormi, estava com mais de 38 graus de febre. O remédio fez efeito, ela foi baixando, transpirei muito, quando Johnny me chamou para jantarmos; fiz um esforço tremendo, me vesti, e descemos para o jantar. Comecei a comer e em minutos tive que sair rapidamente da mesa, vomitando tudo o que havia ingerido. Voltei para o quarto, dormi mais um pouco e fui registrar os acontecimentos do dia. Concluí que a vivência que tive com o Arcano A Roda da Fortuna veio confirmar o que tenho ensinado aos alunos sobre ele. De alguma forma, a Roda da Fortuna preparou-me para a segunda fase da minha Jornada, mas antes, com seu movimento, jogou-me para seu lado descendente, visto que, nas condições físicas que me encontrava, não poderia Caminhar no dia seguinte. Ainda assim, coloquei a meditação do próximo Arcano, e fomos dormir com a Roda da Fortuna movimentando-se para mim. Não conseguir Caminhar no dia seguinte seria uma frustração muito grande. Contudo, mantive-me com a forte decisão de que não iria me preocupar, entendi que naquele momento teria que buscar novamente o meu centro e entregar-me, amanhã seria um novo dia.

## *Conselho de A Roda da Fortuna*

- Centramento

O encontro com teu "Eu Interior" o fortalecerá para enfrentar os movimentos de A Roda da Fortuna, que nada mais são que os movimentos da vida!

# O Caminho de A Força

*De Bercianos de Real Camino para Reliegos*

Em geral, nesta Jornada do Caminho de Santiago de Compostela, nosso despertador nos acorda às 05h30min. Na noite anterior, em função do problema de saúde que tive, Johnny o desligou, pois não me deixaria sair para Caminhar com febre. Exatamente às 05h da manhã, acordei com ele medindo minha temperatura que ainda estava alta, 37,5 graus Celsius. Então, concluímos que eu não teria condições de Caminhar. Fiquei triste, mas lembrei-me imediatamente do centramento de A Roda da Fortuna, que nos ensina que, em momentos que estamos vivenciando o lado de baixo da roda, temos que buscar o nosso centro para transpor com mais suavidade os momentos difíceis; resolvi olhar positivamente para a situação, ou seja, se não poderia Caminhar, então, iria trabalhar, pois tinha muitos *e-mails* para responder, dar andamento nas inscrições de alunos nos cursos, fechar fluxo de caixa, etc. Não iria ficar parada. E, entreguei-me ao sono novamente. Às 07h30min, acordei já sem

*Deixando Bercianos del Real Camino.*

febre e sentindo-me muito bem, levantei-me, entrei no banho, tomamos o café da manhã; não resisti, e falei: "vou Caminhar". Senti que naquele momento, A Roda da Fortuna me colocava no lado de cima dela, dando-me a impressão de que foi feito esse movimento rápido de descida e posterior subida, para ficar bem enfática em mim a sua movimentação.

Às 08h40min, deixei Bercianos de Real Camino para meu destino de hoje, que seria Reliegos, distante 22 km, com Johnny levando-me até à saída do povoado.

*Saída do povoado.*

Na verdade, não tinha febre, mas me sentia um pouco debilitada; não foi um Caminho montanhoso, tornando-se mais fácil. Também não tivemos sol aberto, mas entre nuvens, deixando o dia mais fresquinho, o que foi ótimo, pois, na noite anterior, tive todos os sintomas de uma insolação.

Todo o trecho do Caminho deste dia foi paralelo a uma estrada secundária, que parecia interminável, com apenas um povoado para cruzar, El Burgo Ranero, muito pequeno, com aproximadamente 800 habitantes.

*O Caminho dos Peregrinos paralelo à estrada.*

*El Burgo Ranero, pequenina e charmosa, abrindo passagem para os Peregrinos.*

Segui o Caminho na vibração do Arcano A Força, já que havíamos feito sua meditação na noite anterior; então, visualizei o portal de sempre e o transpus, fiz minhas orações e comecei a refletir sobre este Arcano, que nos ensina sobre o domínio, o autocontrole e ao mesmo tempo a docilidade. No Tarô de Waite, com que trabalho, este Arcano está posicionado como Arcano VIII, mas para esta vivência eu o coloco na posição original. É um Arcano de sabedoria e procuro sempre aplicar o seu ensinamento no meu dia a dia. Comecei a refletir sobre o que estava errado comigo, para ter tido esta lição de A Roda da Fortuna.

*O povoado ficando para trás, mas para sempre no coração.*

As "respostas" foram chegando como se estivesse fazendo *downloads* de mensagens, comecei a ter a percepção de que, nesses dias todos Caminhando, não prestei atenção ao meu corpo, às necessidades dele, na ânsia de chegar, seja porque Johnny sempre me esperava ou porque teria que trabalhar no computador todos os dias após a Caminhada diária, ou até mesmo porque queria ver o Brasil jogar nos jogos da Copa do Mundo de 2018. Não conseguia parar para descansar, para comer e, às vezes, até deixava de tomar água para não ter que ir ao banheiro, ou seja, estava esgotando o meu corpo, sem perceber que dar uma pausa para me alimentar ou simplesmente para descansar um pouco me deixaria mais revigorada e forte.

*O Caminho dos Peregrinos segue ao lado da estrada.*

Durante as reflexões dessa etapa, fui tomando consciência também que este era um padrão que venho repetindo diariamente, pois não me permito um breve descanso ao longo do dia, seja por ansiedade ou por rigidez comigo mesma. É muito comum eu trabalhar durante horas e esquecer até que tenho que tomar água, ou lembrar que posso parar para um café. Fui percebendo o quanto isso é um comportamento negativo arraigado em mim, e a lição desta carta, A Força, ensina exatamente isto, reconhecer esses padrões destrutivos e transformá-los numa fonte de energia positiva. E, foi com essa percepção, na verdade sentindo no meu coração a essência deste Arcano, que fiz minha Caminhada de hoje mais suave, apesar de longa.

Fui, a cada passo, reconhecendo o tipo de comportamento que estava me consumindo e transformei em algo que me trouxe benefícios, sentido isso mais tarde no meu corpo físico, pois após chegar ao meu destino, Reliegos, tomei um banho, fiz uma refeição e ainda tive disposição para trabalhar por três horas em meu computador e ainda fazer este registro.

*O albergue que nos acolheu. Gratidão.*

E, assim foi minha Caminhada desse trecho, integrada com A Força; parei no povoado de El Burgo Ranero, sentei-me para tomar um suco e descansar, comprei mais água e fiz várias paradas ao longo do Caminho, ingerindo mais líquidos e respeitando mais meu corpo.

## Conselho da A Força

- Domínio
- Docilidade
- Sabedoria

A verdadeira "Força" é quando você mergulha dentro de si, olha para você mesmo, conscientiza-se de que uma energia o corrói e, então, você transforma essa energia em algo positivo, que o torna uma pessoa melhor, isto é ser dócil com você mesmo, isto é sabedoria!

# O Caminho de O Pendurado

*De Reliegos a León*

Na noite anterior, dormimos ao som da meditação do Arcano XII, O Pendurado. Devo confessar que gosto da sua postura de apostolado, de doação, de amor, embora estagnada. Hoje, deixamos o povoado de Reliegos para ir ao encontro da cidade de León, distante 28 km. Tomamos o café da manhã por volta das 08h, e um fato me chamou a atenção, pois ao pagar a conta, um total de 12,20 Euros, pela primeira vez esta foi arredondada para exatos 12 Euros; imediatamente lembrei-me do Arcano do dia, mas Johnny arredondou para cima e pagou 13 Euros por ela, sempre deixamos uma gorjeta. Retornamos ao quarto, terminei de me arrumar, e deixamos o hotel com Johnny acompanhando-me até a saída do povoado, deu-me um beijo, abençoou-me e eu a ele. Fizemos nossa oração de todos os dias, e segui meu Caminho, refletindo sobre estar na energia de O Pendurado, fiz a meditação visualizando o portal gigante da carta e passei mentalmente por Ele.

*Deixando Reliegos.*

*Despedindo-me de Johnny.*

No projeto inicial desta Jornada, eu iria Caminhar, e Johnny me daria o suporte fazendo os trajetos de carro, indo à frente, localizando um lugar para dormirmos, e eu, então, chegaria ao final de cada dia com a logística organizada; ele aproveitaria para escrever seu livro, um novo projeto já começado, que está paralisado. E, foi exatamente o que comecei a sentir nesta vibração do Arcano XII, tive a percepção de Johnny alojado no meu timo, na mesma posição que se encontra o Arcano O Pendurado, na sua imagem da carta, ou seja, de cabeça para baixo, e com esta sensação eu Caminhei todo o trecho de hoje.

*O dia estava escuro com promessa de muita chuva.*

Todo o planejamento que ele fez com relação ao trabalho de conclusão do livro, de desenvolvê-lo, já que está estagnado, não saiu dos planos. Este movimento diário de se deslocar todos os dias, de uma cidade a outra, de um hotel para outro, consome completamente o seu tempo, tem horário para entrar no hotel, deixar o hotel, fazer e desfazer malas, enfim, tudo isto tira a sua concentração. Enquanto eu preciso do movimento, para cumprir o meu propósito, fazer o Caminho de Santiago e vivenciar os Arcanos Maiores, ele, ao contrário, precisa se recolher num único lugar.

Durante as minhas reflexões, ao longo do Caminho de hoje, sobre O Pendurado, o que me vinha a todo o momento era este seu sacrifício por mim, para que pudesse me desenvolver, a doação do seu tempo para que pudesse aproveitar o meu, a sua resignação diante da situação, pois sei o quanto desejaria estar recolhido, trabalhando exclusivamente no seu projeto. O comprometimento e a amorosidade com que trata a situação e a mim é exatamente a posição do Arcano XII, e eu não poderia deixar de reconhecer e agradecer, do fundo do meu coração, e reverenciar o seu amor, carinho e dedicação e, é claro, dizer que estarei sempre em gratidão e que darei o máximo de mim para que o seu sacrifício não seja em vão. Mas hoje, 13/09/2018, passando a limpo este texto, posso afirmar, com toda propriedade, que o seu sacrifício não foi em vão. A lição do Caminho entrou no meu coração, no meu ser e, se eu viesse a desencarnar hoje, é um tesouro imensurável que levarei comigo.

Essas foram as reflexões que me chegaram enquanto Caminhava até a cidade de León. Neste trecho de hoje, passei por quatro povoados e cidades com maior movimentação. O primeiro, Mansilla da las Mulas, uma cidade medieval, com aproximadamente 1.800 habitantes, cercada por muralhas, tem os Peregrinos como um de seus símbolos, já que o Caminho de Santiago passa pelo seu "coração". Fiz uma parada para um suco e segui atenta ao tempo, pois estava muito "carregado", e seguiu escurecendo cada vez mais; comecei a ficar preocupada, havia indícios de uma forte tempestade, o céu estava negro, com muitos relâmpagos e trovoadas. Não havia onde me abrigar, e o meu Caminho era em direção a ela.

*Às portas de Mansilla de las Mulas, com uma tempestade iminente.*

O próximo povoado estava a 3 km, Villamoros de Mansilla, tem em torno de 340 habitantes. Comecei a andar rápido e, como em todas as vezes que estou em meio a chuvas fortes, invoquei por Santa Bárbara; a chuva ainda não havia começado, eram somente ventos e muita escuridão.

*Ainda não chovia, apenas escureceu muito. Os carros começaram a transitar com os faróis acesos, o que não é obrigado na Espanha durante o dia.*

Um pouco nervosa, alcancei o povoado, entrei numa cafeteria, pedi um café e enviei uma mensagem para Johnny informando que talvez tivesse que parar, visto que com a tempestade, que estava próxima, não daria para continuar. Neste mesmo local, encontrei uma Peregrina, da Bulgária, que já havia encontrado no dia anterior. Enquanto tomava o café, refletia e dizia para mim mesma: "esta é a energia de O Pendurado, vou me preparar para esperar a chuva passar e, se for preciso, dormirei neste povoado". Isto, é claro, me incomodava um pouco, pois havia andado somente 10 km. Mas, qual não foi minha surpresa ao sair para ver a situação, o céu estava azul e ensolarado, sem que tivesse caído uma gota de chuva; ela deu a volta pelos campos e não caiu naquele lugar.

Fiquei feliz e segui em frente; como se alguém afastasse com as mãos a tempestade que se formava, o céu ficou azul, e o sol clareou o dia para que eu cruzasse o Rio Porma, com água transparente, sobre uma passarela para Peregrinos, tendo ao fundo a Puente Villarente com seus vinte arcos e vestígios medievais.

*Quando saí da cafeteria fiquei surpresa, a chuva contornou e não caiu onde me encontrava.*

*Cruzando o Rio Porma, com passarela para Peregrinos e ao fundo a Puente Villarente.*

Entrei na cidade de Villarente, movimentada, dinâmica, apesar de pequena, um importante centro industrial, comercial, hoteleiro, com aproximadamente 300 habitantes e uma energia diferente dos povoados por onde estava acostumada a cruzar.

Passei por ela seguindo para Arcahueja, pequeno povoado com aproximadamente 200 habitantes, onde parei para comer algo e tomar um suco. Depois da insolação que tive e da vivência com o Arcano A Força, aumentei a minha ingestão de água e toda vez que tinha oportunidade, tomava um suco de laranja.

*Em Arcahueja uma pequena pausa para um breve descanso e água fresca.*

Mudei também o meu ritmo de Caminhada, o que foi muito produtivo para mim. Continuando o Caminho, observei que toda a chuva que vi ao longe havia passado antes nos lugares por onde estava atravessando e concluí que havia sido um volume bem grande de chuva.

*A chuva passou antes de mim, deixando pontos alagados.*

Com muita emoção cheguei ao Alto del Portilho, um ponto mais alto de onde se tem uma linda vista da cidade de León, com 126.000 habitantes aproximadamente e fundada no Século I, originada de um acampamento militar; tendo ao fundo a charmosa e imponente Catedral de Santa Maria de la Regla, construída entre os séculos XIII e XV, em estilo gótico de influência francesa. O seu interior guarda a maior coleção de vitrais coloridos medievais do mundo. Caminhei ainda em torno de 7 km até chegar à cidade por volta das 15h.

*Ao fundo, do lado direito, a Catedral de Santa Maria de Regla, estilo gótico clássico do século XIII.*

León é uma cidade maior, demorei um pouco até chegar ao hotel de destino, por volta das 16h20min, com Johnny me recebendo às suas portas. Fui tomar um banho, e foi quando ele me contou de sua dificuldade em localizar um hotel, apesar de se tratar de um centro maior.

O hotel não tinha estacionamento e o carro não poderia ficar na área em que estava, já que era específica para pedestres.

*O carro estava estacionado indevidamente numa área destinada a pedestres.*

Ficamos por uma hora e meia procurando um local para estacionar, demos voltas e mais voltas, passando várias vezes pelas mesmas ruas e nada desenvolvia, parecíamos vendados, até que, cansados, vimos uma placa que indicava um grande estacionamento subterrâneo, "*Aparcamiento Plaza Mayor*"; conseguimos entrar, estava lotado e apenas uma vaga a nos esperar com a numeração 84 (8+4=12), O Pendurado. Saímos da garagem, fizemos um pequeno *tour* pela área central da cidade e fomos jantar, tomamos um vinho para relaxar, e, quando chegamos ao hotel, fui dormir; estava cansada, não consegui fazer nada do que precisava, responder aos meus *e-mails*, escrever meu texto, etc.

*Uma bela construção que abriga um hotel.*

*A linda e charmosa Catedral de Santa Maria de la Regla, estilo gótico.*

Fiz este registro no dia seguinte, 05/07/2018, pela manhã, antes da meditação do próximo Arcano. Enquanto escrevia, Johnny, da nossa janela, observava e fotografava um lindo pinheiro e uma pombinha, a qual fez ali o seu ninho, que estava com filhotes. Ela, toda amorosa, a toda hora saía do ninho, buscava comida, alimentava-os e descia novamente. Dessa forma, fez várias "viagens" até alimentar todos eles, mostrando-nos, já no final da vivência com o Arcano XII, o seu lado tão forte, o do sacrifício, o de servir, a mãe resignada cuidando do seu filho: isto é a essência de O Pendurado.

*Da janela do quarto observávamos a pombinha alimentando os filhotes.*

Estar na vibração de O Pendurado nos faz dar um olhar diferente para as situações que nos são impostas, esta é a sua essência, tornar-se melhor, expandir através do sacrifício feito por Amor.

## Conselho de O Pendurado

- Resignação
- Paciência
- Sacrifício

São condições que nos levarão à expansão de nossa consciência, para uma modificação interior, para uma consciência do puro Amor.

# O Caminho de A Morte

*De León a Villadangos del Páramo*

*Interior da Catedral de Santa Maria la Regla, com vitrais medievais.*

Nosso despertador tocou exatamente às 05h30min, ainda com um pouco de sono, levantei-me, tomei um banho e fui fazer o registro da minha experiência do dia anterior. Feito isso, fizemos a meditação do Arcano XIII, A Morte, a nossa "companheira" de hoje. Terminada a meditação, peguei minha mochila e acessórios (cajado, máquina fotográfica, boné e mapa), e saímos para o café da manhã, que seria numa cafeteria ao lado do hotel. Após o desjejum, seguimos para a Catedral de Santa Maria de Regla, uma imponente construção do século XII, em uma área de aproximadamente 1.800 metros quadrados; seu interior possui vitrais maravilhosos em cristais, e a grande maioria data dos séculos XIII ao XV. Fizemos uma visita ao seu interior, e fui selar minha credencial de Peregrino.

Nesse ponto, nos despedimos, eu e Johnny; fizemos nossas orações, e segui para Villadangos del Páramo, distante 22 km.

*Marcações do Caminho.*

O dia estava ensolarado e quente, e teria pela frente quatro povoados para cruzar antes de chegar ao meu destino do dia. Caminhei em torno de 5 km dentro da cidade de León, cruzando lindas praças e jardins encantadores, me deslumbrando com sua arquitetura repleta de histórias e de memórias, atravessei o Rio Bernesga que corta a cidade por uma de suas lindas pontes.

*Praças limpas e jardins floridos, cuidados com a cidade, Plaza San Marcos, à direita ao fundo a Iglesia San Marcos.*

*O Peregrino descansando, Plaza San Marcos.*

*Ponte sobre o Rio Bernesga, que atravessa a cidade. Gratidão León por nos acolher.*

Trobajo del Camino, com mais de 25.000 habitantes, fica ao lado da cidade de Léon, praticamente tornou-se um bairro desta, pois está colado a ela. Caminhei um pouco mais e passei pelo povoado de La Virgem del Camino, que deve o seu nome ao aparecimento da Virgem no ano de 1505 a um pastor, enquanto recolhia seu gado. Aproveitei para fazer uma pequena parada e para visitar seu santuário, que recebe o mesmo nome da cidade, que dá passagem ao Caminho de Santiago de Compostela.

Os primeiros 12 km foram Caminhando dentro de cidades já que elas estão próximas umas das outras, praticamente emendadas. O que, claro, tira a concentração, causando um pouco de turbulência dentro do "coração". Mas são momentos maravilhosos, de aprendizado, de olhar para as pessoas que cruzam e sentir um "universo" em cada uma. Algumas passam felizes, sorridentes, outras cabisbaixas, às vezes chorando, outras tensas, algumas lentas e outras achando que o mundo vai acabar naquele momento. E, eu me pegava perguntando: o que está no coração destas pessoas? O que elas carregam? Dor? Alegria? E, dessa forma, fui passando por estas cidades, buscando respostas no olhar e gestos de cada pessoa.

*Trobajo del Camino abrindo passagem.*

*Passagem por La Virgen del Camino.*

*Santuário de La Virgen del Camino.*

Até este momento, não havia parado para pensar no Arcano XIII, apenas que estava na sua vibração e, em alguns momentos, me pegava refletindo sobre minha vida, nas perdas que tive de pessoas muito amadas, naquelas que passaram pela minha vida e que se foram e em tantas outras situações que me trouxeram mudanças profundas e significativas. Após cruzar este povoado, peguei um Caminho mais solitário e resolvi, então, fazer a meditação de visualização do portal gigante da carta do Arcano A Morte, o Arcano da transformação, o Arcano temido. Foi muito interessante o que aconteceu, pois parei e me imaginei entrando mentalmente na "carta" e, quando percebi, à minha esquerda, havia um muro que cercava um cemitério, ou seja, parei para fazer a visualização ao lado de um cemitério e somente depois é que percebi; confesso que me deu um arrepio, fiquei meio chocada e saí apressada dali.

*O lugar onde parei para a visualização do Arcano, sem saber que era um cemitério.*

Segui o Caminho, mas algo me incomodava, a impressão que tinha é que havia ficado presa naquela situação, de estar em frente ao cemitério, então, parei, respirei fundo, fiz uma oração e resolvi imaginar

*Entrada do cemitério.*

novamente o portal à minha frente, transpondo-o. Quando o fiz, foi imediato, me senti e me vi dentro da carta do baralho de Rider Waite ao lado das pessoas que estão desenhadas na carta, que olham para o Cavaleiro da Morte, e também do Sacerdote, que, em pé, enfrenta o Cavaleiro mostrando sua Fé. Passei por essas pessoas, mas segui em frente com o Cavaleiro da Morte cavalgando ao meu lado esquerdo, eu não olhava para ela, A Morte. Não sentia medo dela, lembrava-me do simbolismo da carta que ensino em meus cursos, olhar para o leste. O meu foco era o sol que estava nascendo atrás das torres e que está à frente, do lado direito, ao leste. Foi impressionante a percepção da qual fui acometida; o Cavaleiro da Morte me acompanhou, pelo meu lado esquerdo, durante todo o Caminho deste dia. Desta forma, segui tendo algumas percepções, uma delas era que A Morte é temida porque vem nos buscar para um Caminho de transformação, desconhecido pelas pessoas que, ao invés de apenas acompanhá-la voltando seu olhar para o sol que está brilhando para elas, iluminando o novo Caminho, ficam focadas em A Morte, por isso o medo.

*Caminho solitário com momentos de reflexão,*
*com o "Cavaleiro da Morte" à minha esquerda.*

E, assim, acompanhada por A Morte, passei pelo pequeno povoado de Valverde de la Virgem, que tem em torno de 7.300 habitantes e parei em San Miguel del Camino, um povoado com aproximadamente 550 habitantes, tomei um suco, descansei um pouco e continuei.

*Valverde de la Virgen foi me recebendo e abrindo suas portas para que eu passasse.*

*Ninhos de cegonhas, detalhes do Caminho,
entre Valverde del Camino e San Miguel del Camino.*

Todos os dias faço as orações no Rosário e havia pedido ao Johnny os nomes dos Mestres de Reiki, formados pelo nosso Instituto de Reiki, que já haviam desencarnado, para fazer as orações especificamente para eles. Esta lista já estava comigo, mas não havia sentido ainda o momento de fazê-las. Todavia, hoje, após essas sensações e percepções, concluí que havia chegado a hora. Como o dia estava muito quente, pensei em procurar um lugar, de preferência à sombra de uma árvore, um lugar tranquilo, sem barulhos, para que pudesse fazer as orações. E, fui Caminhando e não encontrava um local que achasse adequado, então, tive uma intuição que deveria fazer numa igreja e foi o que fiz. Ao chegar ao meu destino do dia, Villadangos del Páramo, um povoado com aproximadamente 1.000 habitantes, procurei a igreja local, que é dedicada a Santiago, e rezei o Rosário oferecendo aos 24 Mestres de Reiki já desencarnados, os quais se formaram no Instituto Brasileiro de Pesquisas e Difusão do Reiki.

Foi um trecho que fotografei pouco, estava mais atenta ao que estava acontecendo, às visões e percepções que estava tendo, que, aliás, ficavam cada vez mais fortes; percebia estar mais próxima das torres e do sol que brilha na carta, procurava não olhar para o "Cavaleiro da Morte". Apenas entreguei-me, deixando que ela, A Morte, me conduzisse e, dessa maneira, percebi que na minha Jornada, através do Caminho de Santiago, ela estava me conduzindo; em momento nenhum senti medo, apenas entrei em oração e entreguei-me ao que estava acontecendo.

Caminhar com A Morte foi uma experiência ímpar, não senti medo ou receios, foquei no meu objetivo, que era o sol nascente, e entendi que estou num Caminho de transformação, e que ela, A Morte, me conduz sempre, levando-me ao encontro de cada "sol" que provoca mudanças em mim.

*O Caminho solitário, apropriado para o que eu estava vivenciando.*

*Meu destino do dia.*

Após rezar o Rosário, saí para encontrar Johnny e percebi que o "Cavaleiro da Morte" já não se encontrava ao meu lado e que ter finalizado o dia em oração na igreja foi uma maneira de me desconectar da forte energia do Arcano XIII, ou seja, sair de dentro dela, a Carta. Essa finalização na igreja foi interessante e fundamental, pois havia apenas uma no povoado e, quando cheguei, ela estava aberta em função de um trabalho de organização para algum evento que haveria; como entrei, não tinha como os responsáveis saírem enquanto eu estivesse em oração. Ficaram aguardando que eu terminasse de orar; tão logo saí da igreja, as portas foram fechadas.

*Igreja de Santiago Apóstolo em Villadangos del Páramo,*
*foi fechada tão logo saí dela.*

Senti-me muito agradecida a todas as "Forças" que se movimentaram para que conseguisse encontrar a igreja aberta e fazer a desconexão com o Arcano. Sinceramente, não saberia como fazer se não fosse desta forma, apesar de que, creio, assim como fui intuída a ir à igreja, seria conduzida também para outra situação.

## Conselho de A Morte

- Transição
- Transformação

Não verás a "luz" da transformação se não abrires a "porta" para A Morte e deixar-te ser conduzido por ela. Ela será nossa companheira na travessia da escuridão.

# O Caminho de A Temperança

*De Villandangos del Páramo para Astorga*

Hoje acordamos na vibração do Arcano XIV, A Temperança. Na noite anterior, fizemos a sua meditação. Ela é o equilíbrio e a medida certa que devemos encontrar em tudo o que nos dispomos a fazer. É a carta que nos coloca em contato com a paciência, virtude de poucos. Levantei-me, tomei banho e me organizei para a Caminhada, que hoje me levaria à cidade de Astorga, distante 28 km. Abri a janela e senti que Ela, A Temperança, me esperava tranquila e pacientemente.

*A Temperança abrindo os braços para me receber.*

Tomamos o café da manhã, e deixei o pequeno hotel com Johnny me acompanhando até a saída do povoado; fizemos nossas orações, como sempre, abençoamo-nos e despedimo-nos.

*Saindo de Villadangos del Páramo para Astorga.*

Neste trecho, teria cinco povoados para cruzar. O dia começou um pouco nublado e frio, mas não tardou, e o sol veio me dar "bom dia" de forma majestosa, espalhando seus raios e muito calor ao longo do Caminho. Passei por San Martín del Camino, um pequeno povoado com aproximadamente 350 habitantes. Seus registros datam de 1157; fiz aqui minha primeira parada. Os primeiros 10 km foram paralelos a uma estrada, o que não aprecio muito, visto que o asfalto aquece muito mais, e o barulho é terrível; ainda assim, fiz a visualização da carta em tamanho gigante, como se fosse um portal, e tentei transpô-lo.

*O Caminho dos Peregrinos paralelo à rodovia.*

*San Martín del Camino dá passagem aos Peregrinos.*

O segundo povoado que passei neste trecho, Hospital de Órbigo, possui em torno de 950 habitantes; lindo, acolhedor, medieval e com sua famosa Puente del Paso Honroso, que cruza o Rio Órbigo, remete-nos a uma viagem no tempo para a Idade Média; local onde aconteceu, no ano de 1434, o torneio épico, medieval, El Paso Honroso; vale pesquisar e conhecer a história. Fiquei encantada com a energia do lugar, tudo extremamente limpo, como se alguém tivesse terminado de "limpar a casa" para receber seu hóspede. Nesse ponto, percebi que não havia conseguido uma conexão com o Arcano, mas logo associei isso à própria energia dele, a lentidão, que foi minha companheira durante todo este percurso.

*Puente del Paso Honroso sobre o Rio Órbigo.*

*Atravessando Hospital de Órbigo, linda, acolhedora e limpa.*

Ao final do povoado, o Caminho se bifurca: um mais curto, paralelo a estrada, e o outro mais longo, pelas montanhas; este, claro, sendo o meu preferido, mais silencioso e deserto.

*Trecho longo, sob o sol forte e muito calor.*

Após alguns minutos nele, resolvi visualizar novamente o portal de A Temperança. Minha percepção foi que não consegui entrar mentalmente na carta, como no Arcano anterior, porém conseguia visualizar o Anjo da carta do Tarô de Rider Waite à minha frente, imenso, com as taças em suas mãos vertendo o líquido de uma mão à outra. Na verdade, Ele não fazia o movimento com as taças, mas eu entendia que havia o movimento e foi, dessa forma, durante todo o percurso.

A impressão que tinha era de que tudo parou no tempo, parecia existir uma estagnação no ar. O Anjo à minha frente me passava a sensação de não ter pressa, o Caminho tornou-se mais longo do que realmente era. Desde que comecei o Caminho de Santiago, em Saint Jean Pied de Port, foi o trecho que precisei de mais horas para cumprir, foram nove horas no total. Um Caminho sinuoso, cheio de subidas e descidas, uma etapa difícil. Por alguns instantes, tive a percepção de que era mesmo para mostrar que o Caminho de Transformação não é nada fácil, que precisa de muitos esforços, de paciência principalmente, porque ele é longo, o que o torna demorado, esgotando muitas vezes as nossas forças, e esta Transformação, popularmente falando, não acontece do "dia para a noite", demanda tempo. E, claro, assim é o Caminho da vida, que nos traz dias agitados e também dias de muita bonança, e, em ambos os casos, a paciência será a chave mestra para alcançarmos o nosso objetivo.

Ao passar pelo povoado de Villares de Órbigo, com aproximadamente 640 habitantes, conheci o Senhor Gumercindo, o qual tornou o local mais aconchegante, pois o Caminho passa à sua porta e ele faz questão de abri-la aos Peregrinos. Fica ali, oferecendo frutas a eles e, claro, puxando uma boa conversa, contando histórias e mostrando os postais que recebe dos Peregrinos que se encantam por sua tranquilidade e amabilidade.

*Villares de Órbigo me reservou uma grata surpresa.*

*Um "Anjo" chamado Gumercindo que, em Villares de Órbigo, acolhe os Peregrinos contando histórias e oferecendo frutas. Gratidão pelo carinho com que me recebeu.*

Depois de 2 km, cheguei ao próximo povoado: Santibañez de Valdeiglesias, um lugar pequenino; apenas 150 pessoas aproximadamente vivem ali. À sua saída, há um pequeno albergue onde comprei água, por recomendação de um senhor, que sentado num banco de madeira, à sombra de uma casa, falou comigo, numa voz calma e tranquila. Parecia esperar o tempo passar, remetendo-me à energia de A Temperança; perguntou-me se ia para Astorga, disse que sim, e ele falou: "são 11 km até lá, o sol está muito forte, leve mais água e procure subir, devagar e descansando à sombra." Dito isso, levantou-se do banco, foi comigo ao albergue e chamou a pessoa para que me vendesse a água. Agradeci a sua preocupação e lhe respondi que ia subir devagar; saí emocionada e chorando... vi nele um Anjo da Guarda cuidando de mim, pois não tinha consciência do que eram os próximos quilômetros: percurso solitário, árido e sem água. Quando a gente se entrega para o Caminho, o Universo coloca Anjos para cuidar da gente e assim também é a vida; quando confiamos nas Forças do Alto e "entregamos", o fardo fica mais leve.

*O albergue onde comprei água por recomendação do meu "Anjo de Guarda", que infelizmente não fotografei, mas guardarei para sempre no meu coração.*

*Astorga a 11 km, um Caminho árido e solitário.*

Eu teria que subir uma montanha e depois descer, senti como se fossem os 11 km mais longos que já havia andado, parecia interminável; aproveitei para rezar o Rosário e, como estava nesta energia de equilíbrio, ofereci as orações pela paz e equilíbrio da humanidade. Foram 08 km na montanha. Passei, com muito sol, por dois cruzeiros, o primeiro chamado de Cruz del Valle, com umas árvores em volta e um banco, aproveitei para sentar um pouquinho à sombra e descansar.

*Cruz del Valle e um pouco de sombra para refrescar.*

*O tempo parecia ter parado, tinha a impressão que eu não saia do lugar.*

Depois de muito andar e sob um sol forte, faltando ainda uns 04 km para chegar ao destino do dia, encontrei o que chamei de um oásis, um lugar de descanso preparado por um rapaz. Ele colocou várias redes para dormir, frutas, alguns biscoitos e pastas e oferecia aos Peregrinos. Claro, todos acabam doando uma quantia para agradecer tamanha generosidade. Parei, pedi um suco e me deparei com um "momento preguiça", alguns Peregrinos jogados em redes e almofadas, coisas de A Temperança quando conectamos com o seu polo negativo, o que leva ao ócio, a prostração, a intemperança. Após o suco, fiz minha doação, agradeci e segui.

*Um oásis no Caminho e a bandeira do Brasil marcando presença.*

Caminhei mais uns 03 km e passei pelo segundo cruzeiro, Cruceiro Toribio, este com vista para Astorga. Alcancei o último povoado antes do destino do dia, San Justo de la Veja, com aproximadamente 2.000 habitantes e com origem na Idade Média, à sua entrada lindas touceiras de lavanda com perfume inebriante.

*Cruzeiro Toribio com vistas para San Justo de la Vega e Astorga, mais ao fundo.*

*San Justo de la Vega me dando passagem.*

*Touceiras de lavanda com perfume inebriante.*

San Justo de la Veja me colocou às portas da cidade de Astorga, meu destino da etapa de hoje, com aproximadamente 11.000 habitantes e uma história que atravessa muitos séculos. Até lá, foi um "perto" que nunca vi tão longe, avistava a cidade em cima de uma pequena colina, quando achava que ia chegar abria-se outro Caminho e demorava mais e mais, até que cheguei ao centro da cidade, com Johnny me esperando.

*Chegando a Astorga.*

Caminhar com A Temperança não foi fácil, sua energia estagnada e lenta não me deixava desenvolver, parei várias vezes, por motivos diferentes, até o ar parecia mais denso que o normal, mas foi muito positiva a percepção que tive deste Arcano, complementando o entendimento que já possuía dele.

## Conselho de A Temperança

- Paciência

Nenhum Caminho é fácil, a Paciência é o instrumento que permitirá que este fique mais suave.

# O Caminho de O Diabo

*De Astorga a Rabanal del Camino*

Na noite anterior, decidi não fazer a meditação do Arcano XV, O Diabo, não queria dormir nesta vibração.

Exatamente às 05h30min tocou nosso despertador, acordamos ao som da música Nossa Senhora, de Roberto Carlos. Despertamos com ela todos os dias. Imediatamente, lembrei-me do sonho que tive: vi-me diante de um cemitério e falava ao Johnny que eu não poderia entrar porque havia tomado cerveja, mas ele dizia que eu deveria e recomendou que eu entrasse. Foi quando, à porta do local, veio um homem negro, todo vestido de preto, dando-me as boas-vindas e convidando-me a entrar. Não consegui recordar o restante do sonho, porém, imediatamente, lembrei-me de que iria entrar na energia de O Diabo. Observei que ainda estava escuro e confesso que senti um pouco de medo, mas teria que enfrentar. Coloquei, então, a sua meditação, para começar o dia. Concluída, levantei-me, tomei meu banho, organizei algumas coisas, e descemos para o café da manhã.

Importante registrar que, pela primeira vez, ao longo desta nossa Jornada, ficamos hospedados num hotel quatro estrelas; em geral, acomodamo-nos em albergues com quarto para casal, hospedarias, enfim, algo mais simples. Em Astorga, Johnny, ao chegar, no dia anterior, buscou várias opções de hospedagem, mas a cidade estava lotada e somente conseguiu um quarto de padrão superior, uma suíte enorme, com sala, quarto, banheira, duas televisões, café da manhã incluso e estacionamento. Pessoalmente, achei um exagero, mas depois de Caminhar 30 km, você não questiona a cama que irá lhe acolher. O café da manhã foi maravilhoso, repleto de frutas diversas, pães variados, iogurtes, sucos, queijos, enfim, um banquete. Em geral, fazemos nosso café da manhã em cafeterias, sem muita opção e variedades, mas tudo simples e perfeito. Confesso que senti vontade de ficar uns cinco dias mais neste hotel, que também tinha uma área de *spa*, que delícia! Imediatamente, lembrei-me de que isto é próprio do Arcano XV: tentando me seduzir com os prazeres da vida; voltei, então, à minha realidade e fui ao quarto buscar minha mochila para começar a Caminhada, teria 23 km até o próximo destino, o povoado de Rabanal del Camino. Ao pegar os acessórios, lembrei-me do meu Rosário e fui conferir se ele estava na bolsa lateral da mochila, onde sempre o guardo desde que comecei o Caminho de Santiago. Grande foi minha surpresa ao vê-lo arrebentado; na verdade, fiquei chocada porque imediatamente me veio à mente o Arcano do dia, mas me mantive forte e disse ao Johnny: vou levá-lo, vou rezar o Rosário como tenho feito todos os dias.

*Saindo do hotel, sofisticado para minha condição de Peregrina.*

*Palácio Episcopal de Astorga,*
*edifício projetado pelo arquiteto espanhol Antoni Gaudí.*

Deixamos o hotel, cruzamos uma praça e seguimos até a Catedral de Santa Maria, linda e imponente, fomos até a porta lateral para fazermos um *tour* dentro dela, mas não conseguimos entrar, pois estava tendo uma missa. A visita turística é proibida nos horários de culto, havia uma placa na porta com essa informação. Observei a placa e disse ao Johnny: estamos hoje com O Diabo.

*Fachada da Catedral de Santa Maria de Astorga.*

*"Proibida a visitação ao interior da Catedral de Santa Maria nos horários de culto".*

Percebi que o dia não seria fácil, energeticamente falando. Mal havia começado, e já havia acontecido uma sucessão de coisas ligadas ao Arcano XV. Como não conseguimos entrar na igreja, Johnny me acompanhou até uma rua que dava para a saída da cidade, fizemos a oração, abençoamo-nos e despedimo-nos.

*Deste ponto Johnny retornou ao hotel, e eu segui o Caminho.*

Segui meu Caminho e logo à saída vi uma igreja do meu lado direito, com um desenho moderno, que gostei, parei para fotografar e quando terminei a foto, senti nitidamente uma "presença" vinda atrás de mim, que, rapidamente, passou à minha frente pelo meu lado esquerdo.

Imediatamente me dei conta que era uma figura meio animalesca e "meio- homem", inteiramente vermelha e que se arrastava feito um réptil, o mesmo ser que está sob os pés das imagens do Arcanjo Miguel.

Senti novamente que o dia seria pesado, fiz uma oração e pensei comigo: não posso sentir medo, o que daria força àquela figura, senti que deveria respeitar aquele "ser". Então, continuei Caminhando mais um pouco e como sempre faço, parei, olhei para trás e fiz uma oração abençoando o Caminho percorrido. Segui em frente, com a figura ao meu lado esquerdo. E comecei a refletir sobre a energia de O Diabo, em como ela é ágil e rápida; mal comecei a Caminhar, ainda não havia imaginado o portal, e várias coisas estavam acontecendo: um hotel que era um oásis diante da minha condição de Peregrina, o sonho que tive à porta do cemitério com um homem me convidando a entrar, o Rosário arrebentou, a igreja proibida à visitação e um "ser" rastejante ao meu lado. Quando se está permeado por essa energia, há que se ter atenção o tempo todo e colocar em prática os ensinamentos dos Arcanos anteriores; é, sem dúvida, o "Orai e vigiai". Refleti sobre Jesus no deserto quando foi tentado, há que ser forte, lembrei-me do Arcano O Eremita e mergulhei dentro de mim buscando força para aqueles momentos, não sabia o que iria acontecer, não havia Caminhado nem 5 km. Ao deixar o asfalto para pegar um trecho de terra, resolvi fazer a visualização de abertura do portal da carta de O Diabo; com tanta coisa acontecendo, tomei a decisão de não esperar muito e o fiz, apesar do receio que estava sentindo.

*Depois deste ponto, senti forte "presença" no meu lado esquerdo.*

*Exatamente neste ponto, imaginei o portal gigante da carta O Diabo.*

Foi muito rápido, não tive nenhuma dificuldade, imediatamente me vi, mentalmente, dentro da carta do baralho de Rider Waite, fazendo parte daquele cenário, olhando de frente para aquela figura gigantesca, O Diabo, juntamente com o casal acorrentado. Por uma fração de segundos, senti a alegria sarcástica "dele", junto com a impressão de ouvir o som de sua risada, em ter alguém aprisionado e, imediatamente, me senti presa dentro daquele recinto; veio à minha mente o Arcano XIII, pude perceber a diferença entre "eles", pois nele eu caminhava ao lado do Cavaleiro para o encontro com o sol, para uma vida nova, renovada e aqui, estava aprisionada. Veio-me então, a forte sensação da ilusão do Caminho, quando se entra nessa energia, seja por drogas, bebidas, sexo, corrupção, etc., não existe um Caminho. Ele, O Diabo, é o próprio Caminho; cheguei a sentir a sua energia repetindo o "Caminho sou eu", é o aprisionamento. E, diante deste cenário, eu pensei: não estou presa, estou aqui para aprender, coloquei-me numa atitude humilde e respeitosa, lembrei-me da postura dos discípulos da carta O Papa. Mas "ele" captou meu pensamento e me mostrou o livre arbítrio, que me remeteu à carta A Justiça, e senti, então, a importância das lições dos Arcanos anteriores estarem sedimentadas dentro de mim. Eu seguia Caminhando, atenta ao que era falado mentalmente, como se fosse uma tela de cinema, outra frequência ou esfera. Então, ele, O Diabo, idêntico ao baralho de Rider Waite, me mostrou que o seu poder de sedução é muito forte, "ele" é materialista porque o homem se deixa seduzir facilmente pela matéria, então, me mostrou e despejou, no recinto onde me encontrava, centenas de moedas de ouro, taças com bebidas (as bebidas todas eram de cor clara), me mostrou algo interessante, a caixa forte do Tio Patinhas (personagem do Walt Disney), com a sua "moeda de número 1", fazendo a relação de que "ele" precisa somente da primeira chance para aprisionar.

Olhei para o ser que estava me acompanhando desde a saída da cidade e, imediatamente, foi-me colocado que ele era um "guardião", incumbido de me acompanhar até aquele recinto, tudo o que eu pensava "ele" me respondia mentalmente também. As percepções estavam chegando, e eu Caminhava sem parar, com muito calor e sol forte. Estava próxima do primeiro povoado, Murias de Rechivaldo, que tem em torno de 120 habitantes.

*Murias de Rechivaldo me recebendo.*

*Murias de Rechivaldo, simpática e acolhedora.*

Continuava com a sensação de aprisionamento no ambiente da carta, foi quando também fui sentindo, no alto e do meu lado direito, fora daquele recinto que me encontrava, a presença da Mãe Maria, a quem sou devota, e a Ela tenho rezado o Rosário todos os dias, desde que comecei a minha Jornada. Nunca imaginei emocionar-me tanto numa vivência do Arcano XV, mas ao sentir esta Presença, tão sublimada, juntamente com um batalhão de Anjos nas minhas costas não aguentei a emoção e chorei muito, porque, acima de tudo, tive a percepção de uma "Força" imensurável que velava por mim, senti que fui levada àquele recinto, mas ao mesmo tempo, estava amparada. Tive a nítida compreensão de que houve um acordo entre estas "Forças" para que eu pudesse entrar naquele lugar e receber os ensinamentos que me foram passados. Foi neste momento que tive a percepção que somente deveria fazer a oração no Rosário quando chegasse ao meu destino final do dia, em Rabanal del Camino, e que procurasse fazê-lo na igreja da cidade, que também ali deixasse o meu Rosário arrebentado; parecia uma voz dentro da minha mente me orientando; entendi também o motivo do meu Rosário ter amanhecido arrebentado, Ele, o Rosário, tem uma "Luz" e "Força" espiritual imensurável, incompatíveis com o que eu iria vivenciar naquele dia. Depois de experiência tão gratificante, fiz uma parada em Murias de Rechivaldo, tomei um suco, comprei água e descansei por alguns minutos, refazendo-me um pouco das fortes emoções pelas quais havia passado.

*Seguindo o Caminho que me levaria ao próximo povoado, com muito sol e calor.*

Segui a Santa Catalina de Somoza, um povoado com aproximadamente 50 habitantes e que pertence a Astorga, minha segunda parada, para ir ao banheiro e fazer um lanche; até aqui já havia Caminhado em torno de 9 km. É muito prazeroso cruzar estes pequenos povoados, olhar para as pessoas e sentir o olhar delas em nós; em algumas sentimos tanto amor que no olhar podemos captar a gratidão explícita pelo simples fato de passarmos por ali, sem nada a oferecer ou sei lá, talvez oferecendo o melhor da gente, que é a nossa Essência, já que é a única certeza do que carregamos no Caminho.

*Santa Catalina de Somoza, um lugar pitoresco.*

*Minh'Alma "fotografando", gratidão Santa Catalina de Somoza.*

O povoado de El Ganso, o próximo na rota, possui aproximadamente 36 habitantes. Interessante que, em todos os povoados que passei, procurei uma igreja para selar minha credencial de Peregrino, porém suas igrejas encontravam-se fechadas. Após as percepções que tive, os *insights* acabaram, mas continuei, por todo o Caminho, presa dentro da carta e com aquela figura animalesca, do início do Caminho, ao meu lado esquerdo, como a me guardar ou vigiar, não sei.

*As nuvens começavam a se aglomerar, sinal de chuva.*

O trecho de hoje era de subida, a cidade de Rabanal del Camino, com seu pequeno povoado, que tem em torno de 75 habitantes acolhe o Caminho de Santiago com seus Peregrinos e vive do turismo e de seu artesanato, fica incrustrada na montanha. Uns 4 km antes da chegada, o tempo virou para uma tempestade, com relâmpagos e trovoadas, tenho muito medo nestes casos, pois não há abrigo, apenas campo, bosques e asfalto. Resolvi andar mais rapidamente, mesmo assim, peguei chuva, mas o que me deixa sempre muito tensa são os relâmpagos, que são perigosos, por falta de abrigo, e as trovoadas que sempre me assustam; não consegui me acostumar com isto e, claro, sempre chamo por Santa Bárbara pedindo sua proteção, e, Ela, sempre vem em meu auxílio.

*Chuva iminente.*

*Distância imensa, 2 km, quando a chuva está prestes a cair e não temos abrigo.*

Cheguei a Rabanal del Camino debaixo de chuva e frio e, antes de encontrar Johnny, fui à igreja, a primeira e única do dia que encontrei com as portas abertas, pronta para me receber. Entrei, fiz minhas orações no Rosário, agradeci a proteção que recebi espiritualmente no dia de hoje. Pedi licença e, como fui orientada, deixei meu Rosário arrebentado em cima de um túmulo que havia na pequena Ermita de San José, uma igreja pequena e simples, cuja porta estava aberta, mas dentro dela havia uma grade que não permitia o acesso ao seu altar.

*Ermita de San José me acolheu para que cumprisse o meu propósito. Gratidão.*

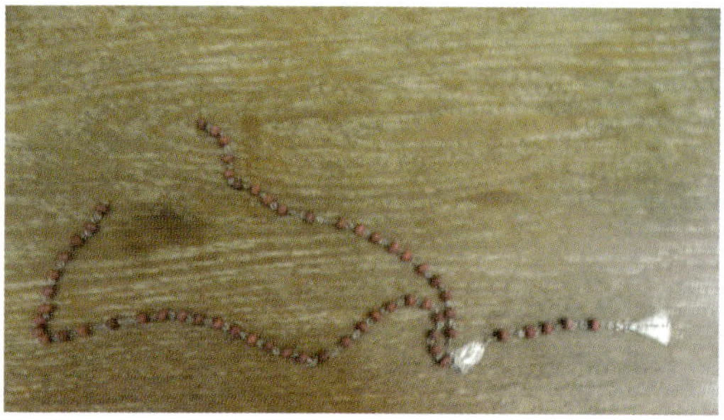

*Meu Rosário arrebentado, o deixei na pequena Ermita como fui "orientada".*

*O interior da Ermita de San José com seu lindo altar.*

Ao sair dela, não tive mais a percepção de que estava presa no recinto da carta, de Rider Waite, e não vi mais o ser à minha esquerda. Então, subi a rua do povoado e encontrei Johnny à minha espera, próximo ao hotel onde nos hospedamos, Hosteria El Refugio. Na mesma construção, estavam o hotel e o restaurante, onde jantamos. Uma construção medieval, de pedras; o restaurante parecia uma caverna, um lugar rústico, à luz de velas, e ainda me remeteu ao Arcano XV.

*Procurando o hotel.*

*O encontro com Johnny, sempre uma alegria,*
*acho que para ele também, afinal cheguei inteira.*

*O Restaurante do local onde nos hospedamos, uma caverna, me remetendo ainda ao Arcano XV.*

O dia de hoje foi, sem dúvidas, uma experiência imensurável, sou infinitamente grata a todas as "Forças" que me permitiram tamanha vivência e que me trouxe um entendimento muito especial, não somente sobre o Arcano do dia, mas de todos os anteriores, da importância de compreendê-los e, acima de tudo, da prática dos seus ensinamentos.

## *Conselho de O Diabo*

- Dependência

Lembre-se sempre, O Diabo precisa somente da primeira chance para ser o seu dono.

# O Caminho de A Torre

*De Rabanal del Camino a Molinaseca*

Hoje acordamos na vibração do Arcano XVI, A Torre, confesso que estava preocupada com o que iria vivenciar. Na noite anterior, fizemos sua meditação, mas, por intuição, a repetimos pela manhã. Em torno das 07h45min, descemos para tomar o café da manhã, que foi no próprio local que nos hospedamos; em seguida, Johnny me acompanhou até a saída do povoado, fizemos nossas orações, e segui meu Caminho.

*A acolhedora Pousada El Refugio que nos recebeu para o descanso merecido.*

Eu teria em torno de 25 km pela frente, no meio da montanha chamada de Montes de León. Nós já estávamos nela, mas ainda iria subir em torno de 500 metros até chegar ao seu ponto mais alto, que é de 1.515 metros. Atingindo esse ponto, desceria, então, em torno de 930 metros, ou seja, teria um longo e árduo Caminho a percorrer, sob o sol forte e calor. Apesar de ser subida, o Caminho estava muito agradável, com uma paisagem ímpar, muito bela, com muitas árvores refrescando o trajeto. Fiz, então, a visualização da carta gigante, como um portal à minha frente e tentei atravessá-lo mentalmente, o que não consegui.

*Deixando Rabanal del Camino.*

*Um belo Caminho, uma brisa suave refrescava o calor.*

*Nesta foto, o que eu deixava para trás, num misto de alegria e tristeza.*

Continuei Caminhando e aos poucos fui percebendo uma conexão, uma percepção de que, na vivência deste Arcano, seria feita uma comparação metafórica, da montanha com A Torre. Subir a montanha representaria a construção do ego, e o fato de ter sido agradável e fácil, me mostraria que a construção do ego é um Caminho fácil, ficando bem forte a ideia de que: "onde há ego não há amor", encontramos somente a vaidade, o orgulho, a imodéstia. Dessa forma, continuei Caminhando e feliz porque, apesar de estar ascendendo, a subida estava muito fácil.

*O dia estava perfeito, temperatura amena, apesar do sol e paisagens estupendas.*

Fiz a primeira parada em Foncebadón, um povoado que já teve sua população reduzida a duas pessoas e, com a passagem dos Peregrinos a Santiago de Compostela, vem se reerguendo. Deparei-me com um lugar lindo, com uma bela vista para as montanhas, com pouquíssimas casas, todas de pedra. Entrei num albergue, tomei um suco e em dez minutos continuei meu Caminho, sempre pensando em A Torre. Como ainda estava subindo, fiquei na expectativa de que quando chegasse ao ponto mais alto teria alguma percepção mais intensa e forte, como a do dia anterior, com o Arcano XV.

*Foncebadón abre os braços para os Peregrinos.*

*Nesta cafeteria, à esquerda, fiz uma parada para comprar água e tomar um suco.*

Andei um pouco mais e cheguei num ponto muito esperado pelos Peregrinos, a Cruz de Hierro, ou "Cruz de Ferro", com várias teorias sobre sua origem; sua história mais comum diz que os Peregrinos trazem, desde a sua saída de casa, uma pedra, que simboliza os seus pecados, cargas ou culpas e que ao deixá-la aos pés da cruz, desses, seriam absolvidos. Após deixar a minha pedra, deixei também uma para o Johnny, duas para meus pais e outras três para meus irmãos; por ser algo mais terreno, não deixei a pedrinha para minha irmã caçula, Jeane, que hoje é uma estrela brilhando no céu.

*A Cruz de Ferro, uma parada obrigatória a todos os Peregrinos.*

*Cumprindo o protocolo deixei 7 pedras: para Johnny, Papai, Mamãe, meus irmãos, Doni, Vaninho e Luzia e para mim. Que a carga de cada um seja suavizada através deste gesto.*

Depois da parada obrigatória, de registrar fotos e de fazer também o ritual feito pela maioria, segui o Caminho e encontrei, a alguns metros dali, em meio às árvores, uma banca de madeira, adornada com todo cuidado, com a bandeira do Brasil; inclusive, abastecida com água, sucos e frutas, como oferta aos Peregrinos, que, claro, como de praxe, podem deixar algum donativo.

*O cuidado dos "anjos invisíveis" do Caminho.*

Após 2 km, passei por Mandarín, um local com aproximadamente nove habitantes e que de 1964 a 1993 esteve totalmente desabitado. Hoje, com sua pequena população, podemos dizer que são hospitaleiros no Caminho de Santiago. A partir dali, segui para o ponto mais alto de Montes de León e confesso, com muita expectativa sobre o que iria acontecer. Também construí um padrão errôneo sobre a percepção e, na descida, isso foi ficando claro, pois para compreender a construção do ego e o seu desmoronamento, teria de enfrentar uma descida de mais ou menos 930 metros, bastante íngreme e sinuosa, no meio da montanha.

*E a subida continuava.*

Ao chegar no ponto mais alto, tive alguns metros Caminhando em linha reta e plana, até encontrar o lado oposto da montanha, por onde começaria a minha descida, com uma vista ímpar. Devo confessar que, ao olhar aquilo tudo, por uma fração de segundos, senti medo, tive até a impressão de uma vertigem, mas continuei a descida.

*Neste ponto, ao olhar para a imensidão e altura, senti medo e um pouco de vertigem.*

Percebi que, quando estamos permeados por A Torre, há um limite, que, quando atingido, sua desestruturação é fatal e certa, por melhor que seja a nossa condição, que, nesta situação, em geral, é de egoísmo, orgulho e desamor. Entendi, também, que, antes de começar a descer fortemente, havia leves descidas, que me passaram a impressão de que até o último momento uma Força Superior ainda nos manda sinais de que estamos numa atitude errônea, mas o egoísmo e o orgulho não nos permitem reflexão. Foi, então, que comecei a descida, a mais forte, a mais difícil de todo o Caminho que já havia percorrido, foram quase 20 km de pura descida, sobre pedras, cascalhos, barrancos, sem uma árvore, somente arbustos.

*Começa aqui a forte descida muito íngreme e cheia de cascalhos.*

Às vezes, achava que o trajeto iria melhorar e que não havia como ficar pior, daí, virava uma pequena curva, e ele piorava. Então, tive a percepção que, no desmoronar de A Torre, há momentos que parece que começa a mudar, mas quem tem que mudar somos nós mesmos, a nossa consciência, é o interior.

E como a mudança não ocorre, o "desmoronamento" continua; fui percebendo isso em diversos trechos, até o momento que avistei o povoado de El Acebo, cravado na montanha, com aproximadamente 37 habitantes.

*El Acebo, um charme cravado na montanha;*
*a partir dali ainda teria mais 8 km até o meu destino do dia.*

Parei para comprar água e comer algo; um lugar bonito e acolhedor. Encantei-me com seus telhados apropriados para receber a neve do inverno. O rapaz que me atendeu, muito gentil, perguntou-me até aonde eu iria, pois uma tempestade estava sendo anunciada para o local. Ele, então, alertou-me que ainda teria 8 km pela frente até o meu destino de hoje, e que iria me molhar. Perguntei como era o restante da descida, estava traumatizada, e ele me disse: "você tem 2 km de asfalto até o próximo povoado, e depois é muito pior do que a descida que você fez até aqui". Confesso que me deu vontade de chorar, pois tenho medo de relâmpagos, e uma descida pior e ainda por cima, em meio à tempestade, com certeza iria me desestabilizar, mas resolvi enfrentar. Quando saí da cafeteria, o céu às minhas costas estava negro e havia também fortes trovoadas; lembrei-me da carta A Torre, pois até nela o céu é negro e com relâmpago, continuei, acelerei o passo enquanto estava no asfalto e comecei a rezar o meu Rosário (que comprei das freiras quando estava vivenciando o Arcano V, O Papa, já que o meu havia estourado no dia anterior).

*As nuvens se juntavam dando sinais de tempestades, muito comuns no verão.*

Foi com uma tempestade negra às minhas costas que passei pelo último povoado deste trecho, Riego de Ambrós, que pertence à cidade de Molinaseca e tem em torno de 40 habitantes. Estava completamente vazia, não vi ninguém, segui sem fazer fotos por um bom trecho, havia muito vento e um penhasco do meu lado esquerdo, dando-me a impressão de que a qualquer rajada mais forte, o vento me levaria penhasco abaixo.

*Descendo a montanha.*

Eu me encontrava completamente só na montanha, nenhum Peregrino à vista; a minha sorte foi que a chuva, que cairia a qualquer momento, estava atrás de mim, o que achei ótimo, pois, assim, não teria que ficar olhando para ela.

*Ventava muito e a tempestade às minhas costas me causava pânico cada vez que voltava o olhar para trás.*

A descida foi piorando, e em alguns pontos tive que descer apoiando-me com a mão, e A Torre me vinha à cabeça a todo o momento. Eu pensava: "melhor desenvolver o amor, o altruísmo porque ela é muito dolorosa, desestrutura as nossas emoções e o processo é lento", percebi isso na descida. Por mais que quisesse, não poderia descer rápido, pois poderia cair ou virar o pé, me machucar, enfim, tudo é doloroso com Ela; sem contar que meus pés estavam cheios de bolhas e pisar em pedras, nessas condições, doía um pouco mais que o normal. Assim, fui descendo os últimos quilômetros da montanha, com medo da chuva, mas feliz com o resultado da minha percepção.

*Mais à frente, do lado esquerdo, era um penhasco,*
*me imaginei sendo levada pelo vento.*

Quando terminei de descer a montanha, já estava praticamente no meu destino, Molinaseca, e encontrei um Peregrino que estava à minha frente, que me deu um susto enorme. Seu cajado escorregou no asfalto, e ele levou um tombo; fui remetida à energia de A Torre imediatamente.

*O Peregrino que levou um tombo bem à minha frente,*
*me remetendo ao Arcano A Torre.*

Por incrível que pareça cheguei à Molinaseca com muito calor, sol e termômetros marcando 30 C, com vários banhistas se banhando no Rio Meruelo, que cruza o povoado, que aliás é muito charmoso e acolhedor; a chuva que prometia cair na montanha foi levada pelos ventos para outras paragens.

Mais uma situação me remeteu ao Arcano A Torre, bem ao lado do local onde nos hospedamos, uma placa me chamou a atenção, o nome do estabelecimento: Casa Rural "La Torre de Babel", felizmente não era ali que estávamos hospedados.

*Casa Rural "La Torre de Babel", graças a Deus não ficamos hospedados aqui.*

Encontrei Johnny, fomos para o hotel, tomei um banho, e fomos jantar num restaurante muito agradável em frente à Puente de los Peregrinos, momento em que fui relatar os acontecimentos do dia; a conversa foi muito longa, tão longa que quando nos demos conta já era noite. Foi maravilhoso apreciar tão linda ponte ao entardecer.

*Puente de los Peregrinos, um descanso para a alma olhar o seu reflexo.*

*Um charme.*

Caminhar com A Torre foi uma experiência importante que somou ao meu trabalho de Tarô e me trouxe maior entendimento do Arcano, mostrando o quanto temos que ser humildes, e que vencer o ego e a vaidade é uma das grandes provas desta "Grande Viagem" que é a Vida.

## Conselho de A Torre

- Ego

Olhe para dentro de você, transforme o egoísmo em altruísmo, sem amor suas construções não serão edificadas de forma sólida.

# O Caminho de A Estrela

*De Molinaseca para Villafranca del Bierzo*

O Arcano XVII, A Estrela, sempre foi muito especial para mim, e enfatizo isso em meus cursos ou atendimentos. Ainda que essa carta não tenha saído para o consulente eu faço questão de apresentá-la para que haja o resgate da fé adormecida. Eu a considero uma excelente ferramenta para conscientizar a respeito da importância de buscar, dentro de si mesmo, a fé, a esperança e o otimismo.

Estávamos numa cidade muito linda, hospedados em frente a uma ponte medieval, "Puente de los Peregrinos", a qual atravessa com seus sete arcos, o Rio Meruelo e dá acesso à Calle Real, que cruza a charmosa Molinaseca, uma pequena cidade com aproximadamente 880 habitantes e muitos séculos de história. No dia anterior, nosso jantar se estendeu um pouco mais, foi ali defronte a esta mesma ponte, queria vê-la iluminada para fazer fotos.

*Puente de los Peregrinos com seus charmosos arcos.*

Como estamos no horário de verão, numa alta latitude, que faz com que o pôr do sol ocorra após as 22h, ficamos até o cair da noite;

ao olharmos para o céu, vimos uma única estrela, o que me chamou a atenção, pois desde que iniciamos esta Jornada, não havíamos visto estrelas, em função de nos recolhermos antes de o sol se pôr. A impressão que tive é que quando atravessei esta ponte para entrar na cidade, já sintonizei com o Arcano XVII. Mudou a vibração antes mesmo de fazer a meditação do Arcano; aquela ponte, o rio fluindo com águas transparentes e limpas, a janela do nosso quarto na frente deste rio, e a estrela brilhando no céu escuro, tudo isso me remetia a este Arcano.

*Uma pequena estrela brilhando no céu, parecia me dizer que "tudo estava certo".*

Nosso dia começou sob a maravilhosa e auspiciosa energia de A Estrela, fizemos sua meditação na noite anterior e a repetimos ao amanhecer. Sem dúvida, um Arcano maravilhoso para vivenciar, eu tinha muita certeza disto dentro do meu "coração". Tomamos o café da manhã por volta das 08h e seguimos para a Calle Real, cruzando o pequeno povoado em direção à sua saída, onde Johnny me abraçou, nos abençoamos, e segui o meu Caminho.

*Carimbando minha credencial de Peregrino, ainda no Hostal El Palacio.*

*Minha eterna gratidão pelo acolhimento ao Hostal El Palacio.*

Faria nesse dia o trecho mais longo até então percorrido, de Molinaseca a Villafranca del Bierzo, 31 km oficiais, mas contei, no meu marcador, 36 km. O sol estava muito forte e fazia muito calor. Houve termômetros que chegaram a marcar 39 C; foi um dos dias mais quentes até então, se não o mais quente. Teria à frente cinco cidades e povoados para cruzar.

*Neste ponto, Johnny e eu nos despedimos, saída de Molinaseca com uma imagem de Santiago, o Apóstolo.*

Após Caminhar uns 4 km, percebi que já me encontrava numa vibração diferente, fiz minha oração de bênçãos ao Caminho já percorrido e, ao chegar ao povoado de Campo, com aproximadamente 900 habitantes, com registros arqueológicos muito antigos e uma fonte romana, fiz então, a visualização do portal gigante da Carta A Estrela. Foi muito interessante porquc percebi que o portal já estava à minha frente, sem que fizesse nenhum esforço, como se ele estivesse me esperando e, ao tentar passar por "ele", me vi entrando "nele" através da água que há na carta. Eu emergia diante da figura que jorra a água de um cântaro ao outro e ficava ali, ajoelhada diante "dela", que despejava a água sobre minha cabeça. Neste momento, algo ou alguém me dizia, numa voz clara e ao mesmo tempo suave, que eu recebia a "água da vida", dando-me a impressão de que estava sendo "batizada". Estava acontecendo algo tão especial que me aquietei e entreguei-me àquele momento, me sentia com a emoção à flor da pele, era muito forte e emocionante o que acontecia comigo. Respirei fundo, recebi aquilo tudo como uma Bênção, agradeci e continuei Caminhando com tudo isto acontecendo, sinto não poder deixar impressa a "energia" da qual estava envolvida, era algo maior, minha consciência se fundia com algo muito Celestial.

*Neste ponto me voltei, abençoei o Caminho deixado e visualizei a Carta A Estrela à minha frente.*

*Quando cheguei neste ponto, já me sentia com uma energia inenarrável me permeando.*

Desci um pequeno morro, quando vi do meu lado esquerdo uma casinha branca, muito simples, mas com um jardim lindo, com uma roseira maravilhosa, cheia de rosas cor-de-rosa. Nessa hora, já me sentindo permeada por uma energia muito diferente, tinha a sensação de que fui preenchida por uma vibração muito revigorante e suave ao mesmo tempo; foi então que resolvi fotografar as rosas. Como havia uma especialmente muito bonita, fotografei-a e, em pensamento, ofereci à Mãe Maria, a quem sou devota. Nesse instante, uma senhora abriu a pequena janela, dei bom dia, e disse que estava fotografando, pois estavam muito lindas. Ela, gentilmente, me ofereceu uma rosa para que a levasse. Nesse momento, fiquei muito comovida, mais do que já estava, pois senti que a Mãe Maria falou comigo através do gesto daquela senhora, oferecendo-me a rosa; era Ela me dizendo que recebia a rosa que lhe dediquei. Muito emocionada, agradeci e disse que não poderia tirar a rosa de seu pé, mas que aceitaria e a levaria para sempre no meu "coração", agradeci novamente e saí em prantos, pois a energia daquele momento estava muito Celestial.

*Travessia por Campo, um lugar muito especial, para sempre no meu coração.*

*A casinha branca ao lado da estrada com suas lindas roseiras.*

*A rosa que ofereci à Mãe Maria. Momento muito especial da minha Jornada.*

Segui meu Caminho e voltei a atenção para as minhas percepções; ainda me via ajoelhada, com as mãos postas em oração e com a figura humana da carta do Tarô de Rider Waite despejando a água do cântaro de sua mão direita sobre a minha cabeça. Sentia, naquele momento, que aquela era a "água da vida", que me preenchia, me revigorava e me refrigerava. Sentia-me cuidada, amparada, não estava só ou isolada diante do Universo, era parte Dele; como foi maravilhosa esta percepção de integração com o Universo, isso tudo, associado à energia que me envolvia, e ainda me sentir naquele cenário lindo da carta, emocionava-me profundamente, e não conseguia parar de chorar. Caminhava em prantos, algo incompreensível para quem me via passar.

E, desta forma, Caminhei com A Estrela, acolhida na sua "água da vida"; por vezes, me via deitada na posição fetal e sentindo a Força que "Ela" embutia em mim, de coragem, de Fé, de esperança e renovação. Seguindo o Caminho, cheguei à cidade de Ponferrada, que tem em torno de 70 mil habitantes, e seus primeiros registos datam do século XI. Muitos Peregrinos começam aqui a sua Peregrinação, às portas do Castelo dos Templários, um imponente castelo construído entre os séculos XII e XIII pelos Cavaleiros Templários.

*Em Ponferrada, o Castelo dos Templários, construção do século XII pelos Cavaleiros Templários.*

Foi muito especial passar por esta cidade, que tive que deixar para trás, com muito pesar. Ela merece, como muitas outras, um tempo maior para observar suas riquezas e seus detalhes e para "beber" das belas histórias que estão eternizadas em suas paredes.

*Pelas ruas de Ponferrada, gratidão por me receber.*

*Em Ponferrada, um lembrete: "Ninguém passa por aqui sem saudar a Maria dizendo-lhe com amor, não me deixeis minha Mãe".*

Já na periferia de Ponferrada, estava precisando de água, acabei esquecendo-me de abastecer; quando vi três senhores numa calçada, aproximei-me e perguntei se sabiam onde poderia comprar água, foi então que um deles, gentilmente, levou-me dentro de um prédio ao lado, que era da Cruz Vermelha, e me ofereceu a torneira de água potável; enchi minha garrafa, agradeci e saí.

Passei pelo povoado de Columbrianos, com registros que datam do ano de 923 e 928, e Fuentes Nuevas, ambos pequeninos.

*Passagem por Columbrianos.*

*Um lindo Caminho com muitas flores.*

Por vezes, aquela onda de emoção voltava, e eu chorava, mas sempre me vendo acolhida dentro da Carta A Estrela, deitada naquela água, que parecia refrescar também meu corpo físico, pois apesar do calor eu me sentia refrigerada. Em Camponaraya, duas aldeias, Campo e Naraya, que se uniram no século XV, sentei-me a uma sombra, descansei um pouco e refiz minhas energias. Tomei bastante água, pois estava muito calor e Caminhei mais um pouco; antes de sair do povoado, parei novamente, comi um pedaço de pão com queijo, em uma cafeteria, e pedi uma garrafa de água. A mulher que me atendeu, pediu a minha garrafa, a encheu com água potável e não aceitou o pagamento, agradeci e saí. Achei interessante, foi a segunda vez que isso acontecia, desde que saí de Saint Jean Pied de Port, na França, há 24 dias, eu recebendo a água; em geral, a compro. Vi nesse gesto um simbolismo, já que estava recebendo a "água da vida" através de A Estrela.

*Camponaraya abrindo passagem.*

*Calor e sol fortes, mas eu me sentia refrigerada com tudo que estava vivenciando.*

Segui em frente e passei pela cidade de Cacabelos, do século X, que prosperou devido à sua riqueza agrícola e à abertura de suas portas para os Peregrinos, o que a torna dinâmica e muito charmosa. Percebi que este trecho, que percorri, é abundante, próspero; uma região repleta de videiras, vinhos e vinícolas. Cruzei o povoado por sua rua central, com muitos Peregrinos já se acomodando para passar a noite ali; o sol seguia fortíssimo também, com muito calor.

*Cacabelos, primeiros registros remontam do século X.*

*Atravessando o povoado de Cacabelos.*

Após passar por Pieros, um micro povoado e o último antes de chegar ao meu destino de hoje, percebi que, num determinado ponto, as marcações do Caminho se diferenciaram do meu mapa, me desviaria pelo menos uns 6 km do previsto. Estudei o mapa, fiz orações e resolvi escutar minha intuição, iria seguir o mapa e não as "setas amarillas", confesso que fiquei preocupada, pois peguei alguns quilômetros sem nenhuma marcação oficial do Caminho, seguindo pelo asfalto, um trecho sem acostamento, sem nenhuma proteção para o Peregrino, o que achei muito desagradável e perigoso. Caminhava preocupada, pois não encontrava nenhuma sinalização; após uns 3 a 4 km no asfalto, apareceu uma bifurcação com uma abençoada "seta amarilla", jogando-me à minha dircita para uma estrada rural, em meio às videiras.

*Segui o Caminho das videiras.*

*Ao fundo, à direita, o asfalto onde Caminhei por uns 3 a 4 km, sem acostamento.*

Neste momento, voltei-me às minhas percepções, foi quando me chamou a atenção que, no alto do meu Chacra Frontal, vi, flutuando, uma "Estrela" de oito pontas, na cor dourada, exatamente igual a da carta do Arcano XVII, do Tarô de Rider Waite. Então, comecei a prestar atenção "nela", e percebi que foram embora todas as preocupações que estava sentindo por estar num Caminho isolado, sem marcações, não sabendo se estava correto ou o que iria encontrar. Respirei fundo e coloquei minha atenção nas percepções que estavam chegando naquele momento e fui compreendendo a "mensagem" de que, neste Arcano, podemos nos conectar quando nos sentirmos desorientados e sem rumo, quando tivermos dúvida de que decisão tomar, Ele abre as portas de conexão com as "Forças Superiores", que nos regem, pois assim como o Universo é abundante, nós também o somos, porque estamos integrados a Ele, bastando que acreditemos e que tenhamos Fé. Percebi que, quando estamos no Caminho correto, Ela está sempre lá em cima, guiando-nos, somos sempre conduzidos por uma "Força Invisível", que não nos abandona nunca, nós é que nos distanciamos Dela quando não fazemos essa conexão.

*Momento maravilhoso, Deus, o Caminho e eu. Ao fundo, as montanhas me aguardavam.*

Nesse momento, me vieram à mente os três Reis Magos e tive a certeza, dentro do meu "coração", de que foi esta a Estrela que os guiou até o Menino Jesus: *"Eis que uns magos chegaram do Oriente a Jerusalém, perguntando: onde está o rei dos judeus? Vimos sua estrela no Oriente e viemos adorá-lo"*. Mateus 2 – 1,2.

*A certeza de que eu estava no Caminho certo vinha do "Alto".*

Fui chegando ao meu destino do dia, Ponferrada, com essas informações e percepções, sou muito agradecida a todas as "Forças do Universo" que se moveram e me deram esta oportunidade de Caminhar um trecho de 36 km, o mais longo da minha Jornada, com A Estrela, recebendo a "água da vida" e sendo guiada por Ela.

*Puerta del Perdón em Ponferrada me recebendo.*

Apesar da distância, das longas dez horas de Caminhada, do calor, do forte sol, das bolhas nos pés que sequer "reclamaram", não sentia cansaço, parecia anestesiada, revigorada, fortalecida. O meu Rosário de hoje não poderia ter sido de outra forma, foi inteiro de agradecimento e foi lindo. Como era aniversário do meu sobrinho, Vinicius de Castro Lima Franco, dediquei a ele também as minhas orações e, durante todo momento de prece, o percebia junto comigo, em meus braços, dentro da carta, na água, recebendo a "água da vida", sendo despejada em nossas cabeças pela figura humana da carta.

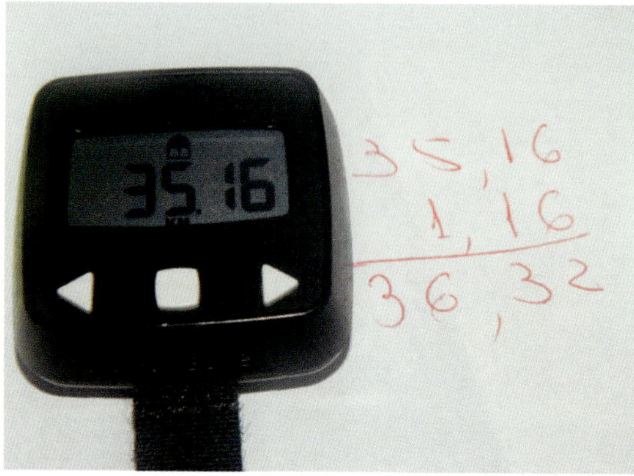


*O trecho mais longo; acabei marcando somente após já ter percorrido pouco mais de 1 km.*

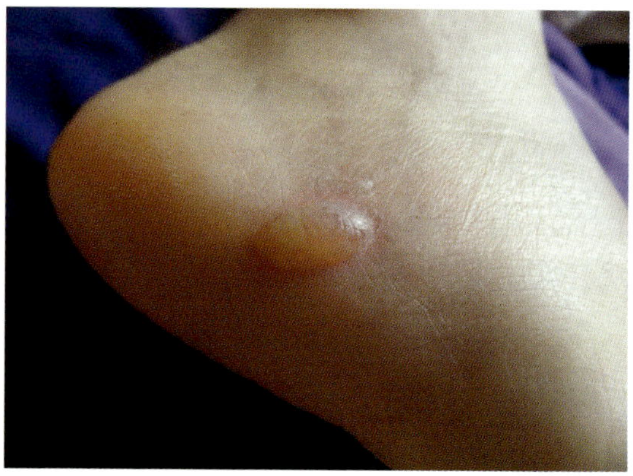

*As bolhas foram companheiras, saíram todas nas laterais dos pés, não prejudicando a Caminhada.*

## Conselho de A Estrela

- Fé
- Esperança

Por mais difícil que seja o momento, há sempre uma Estrela a nos guiar, que nos preenche de Fé renovada, que nos refrigera a alma e que nos sacia com a "água da vida".

# O Caminho de A Lua

*De Villafranca del Bierzo a Vega de Valcarce*

*Deixando a pousada que nos acolheu em Villafranca del Bierzo.*

Hoje, acordamos permeados pela vibração do Arcano XVIII, A Lua, fizemos sua meditação pela manhã, preferi não fazê-la na noite anterior. Descemos para o café da manhã, que foi no próprio hotel, parecia não ter pressa para sair; subi novamente, e confesso que estava enrolando um pouco a minha partida. Incomodava-me estar na energia de A Lua, na verdade sentia-me com os nervos à "flor da pele". Ainda no quarto e conversando, Johnny me disse que iria desencarnar antes de mim e que eu ainda faria o Caminho de Santiago novamente, mas sem ele; aí, pronto, comecei a chorar, senti uma angústia no meu coração. Bem no dia deste Arcano, que já estava fragilizada, ele resolve me dizer algo assim. Fiz um esforço enorme para fazer de conta que não havia ouvido aquilo, mas, confesso, saí com o coração "apertado" e triste. Acabei atrasando a minha saída e deixei o hotel por volta das 10h, com Johnny acompanhando-me, como todos os dias, à saída da cidade. Logo à porta do hotel, cruzamos uma ponte, com um rio de águas cristalinas correndo suavemente pela cidade.

*À saída de Villafranca del Bierzo, um monumento a Santiago, o Apóstolo.*

*Villafranca del Bierzo ficando para trás.*

O percurso de hoje seria um pouco mais curto, apenas 18 km, até o povoado de Vega de Valcarce, aliás, foi a partir deste povoado que fiz o Caminho de Santiago pela segunda vez, em 2016.

Este foi um trecho relativamente fácil de fazer, não havia subidas e nem descidas, o tempo inteiro o Caminho é margeado pela estrada do lado direito e, do lado esquerdo, pelo rio que desce da montanha, de águas cristalinas. Na verdade, duas situações que não me agradam – Caminhar ao lado de estrada de alta velocidade e Caminhar ao lado de água, ambas as situações me causam medo. E, assim começou o meu trajeto; logo no início, fiz a oração de agradecimento por tudo o que estava deixando para trás e continuei. Estava colada ao asfalto, pelo meu lado direito; essa situação começou a me incomodar, comecei então a pensar em A Lua e, sem qualquer esforço, senti o portal gigante à minha frente, mas, confesso, não tive coragem de fazer a visualização da passagem através "dele", senti medo, um medo incabível, que na verdade nem sei dizer do que exatamente, ao mesmo tempo sentia medo de entrar na Carta. Foi horrível, aquela emoção descabida começou a virar um forte pânico e, sob o sol forte e calor, comecei a suar frio, a sentir minha cabeça tensa, minhas mãos suavam gelado a ponto de molhar o meu cajado. Comecei a sentir náuseas e vontade de vomitar, protelando minha passagem pelo portal. Tudo me causava uma angústia, o barulho dos carros na estrada, o barulho do rio que descia e o medo do silêncio que às vezes vinha desse mesmo rio. Comecei a ficar atenta ao movimento dos Peregrinos. Para que não ficasse sozinha, procurei ficar próxima deles, mas o mal-estar continuava, era crescente; sentia transpirar por todo o corpo, até que um Peregrino, da cidade de Múrcia, na Espanha, estava passando por ali e começou a falar comigo, dei atenção a ele, e seguimos juntos por uns vinte minutos. Percebi que fui mudando a minha frequência e, com isso, acalmando-me. Minha respiração foi ficando de ofegante para mais suave, parei de transpirar gelado e foi passando a náusea. Na verdade, fiquei feliz com o Peregrino, que logo se despediu e seguiu mais rápido, agradeci a ele pela companhia e mentalmente aos Seres que o colocaram ao meu lado, ajudando-me para que me acalmasse. A esta altura, claro, a carta de A Lua não saia de minha cabeça; acabara de vivenciar o medo que "ela" provoca quando se está na sua vibração. Segui o Caminho, que continuava ao lado da estrada e do rio, voltei ao normal, sem medos, mas refletindo sobre a oportunidade perdida de fazer o trabalho ao qual me propus. Fiquei então com um sentimento de culpa, triste e envergonhada pelo meu "fracasso". Aos poucos, fui percebendo que estas emoções, de tristeza e culpa não me pertenciam, que eram sim, mais uma face oculta do Arcano XVIII; decidi que não deixaria isso crescer dentro de mim, como aconteceu com o medo, conscientizei-me, respirei fundo e me reequilibrei. Resolvi, então, visualizar o portal novamente e passar por ele, mas fiquei frustrada, não consegui. A única percepção que tive foi como se estivesse presa dentro da água que há na carta do Tarô de Rider Waite, com o lagostim (crustáceo) ao meu lado. Em oposição à carta de A Estrela, que ficava ajoelhada em águas cristalinas, aqui, fiquei submersa numa água turva. A sensação, a qual ficou clara para mim, era de que precisaria de mais um dia vivenciando o Arcano XVIII, o que gostaria de ter evitado, pois já conhecia o difícil trecho do dia seguinte, teria que subir 700 metros, uma montanha cujo pico chega a 1.330 metros.

*Caminhei um longo percurso com a estrada à minha direita.*

*O rio à minha esquerda; ás vezes silencioso, outras parecia "chorar alto".*

E, com todas estas emoções, cheguei ao primeiro povoado, Pereje, com aproximadamente 560 habitantes, pequeno e simpático. Fiz aqui uma breve parada a fim de selar minha credencial na igreja de Santa Maria de Magdalena, seguida de um suco de laranja numa cafeteria local; descansei, me refiz e continuei até Trabadelo, outro povoado pequeno, que tem em torno de 490 moradores e dá passagem ao Caminho de Santiago.

*O povoado de Pereje me recebendo.*

*Pereje, um povoado muito acolhedor.*

Segui refletindo sobre tudo o que estava acontecendo, senti que estava tensa, assustando-me com qualquer ruído, até com o grasnar das gralhas, além do barulho do Rio de Valcarce, que me acompanhou por todo este trajeto e, interessante, pois o Arcano A Lua está ligado ao Elemento Água e às emoções. Cheguei ao povoado de Portela de Valcarce, que acolhe em torno de 35 pessoas. Depois de fortes emoções, entrei em Vega de Valcarce, meu destino de hoje, com apenas 860 habitantes.

*Detalhe do Caminho, venda de cajados e conchas em La Portela de Valcarce.*

*La Portela de Valcarce me dando passagem.*

*Vega de Valcarce, meu destino de hoje.*

*A pequenina e acolhedora vila de Vega de Valcarce.*

*Sob este viaduto comecei minha jornada em 2016,
em Vega de Valcarce, meu destino de hoje.*

Um fato curioso, pela primeira vez Johnny e eu ficamos sem comunicação; acabou sua conexão à Internet, e ele parou num hotel de beira de estrada, distante 3 km de onde eu estava, encontrava-me à frente, exatamente no ponto onde comecei minha Caminhada em 2016, debaixo de um viaduto.

Conclusão, como Johnny não conseguiu falar comigo, por estar desconectado, acabou pagando o hotel, e tive que voltar. Senti-me como o lagostim da carta do Tarô de Rider Waite, que emerge, anda um pouco e recua por medo, e foi exatamente o que fiz; estive a ponto de emergir, tentei e não consegui, recuei e estava recuando também na Caminhada. Por incrível que pareça, não acreditava que isso estava acontecendo, justamente na carta de A Lua, comecei então a voltar 3 km, até que Johnny me encontrou, e segui com ele de carro até o hotel. No dia seguinte, por ter retornado de carro, o que para mim era inconcebível, refiz os 3 km já percorridos e permaneceria na carta de A Lua.

Assim, concluí minha Caminhada e vivência de hoje, com o Arcano XVIII, ainda com a sensação de que estava submersa em águas turvas, esperando amanhã ser mais bem sucedida.

# O Caminho de A Lua

*De Vega de Valcarce a O Cebreiro*

Mais um dia na vibração do Arcano XVIII, A Lua. Na noite anterior, dormimos, uma vez mais, ouvindo a sua meditação. Às 05h30min tocou o despertador, enrolei um pouco para sair da cama, mas em trinta minutos a deixei, tomei um banho, chamei o Johnny e, em pouco tempo, estávamos tomando o café da manhã. Após o término, subi ao quarto, peguei minha mochila e acessórios e saí. O dia estava a cara da carta do Arcano A Lua, escuro, com nuvens carregadas, frio, trovoadas e uma chuvinha leve insistindo em cair.

Ficamos hospedados em um hotel na beira da estrada, que dá suporte a ônibus e caminhões. Johnny me acompanhou por uns trezentos metros, fizemos nossa oração, despedimo-nos e segui meu Caminho, que seria bem curto, apenas 15 km me separavam de O Cebreiro, meu destino de hoje.

Segui, refazendo o trecho que já havia feito no dia anterior, de 3 km, que daria exatamente até o ponto onde comecei o Caminho no ano de 2016. Por uma questão misteriosa, tive que retornar e refazê-lo, o que muito me impressionou, pois este recuo é um dos simbolismos da carta de A Lua. Fui Caminhando e refletindo sobre este Arcano e percebi que, assim como ontem, continuava presa, submersa dentro da água da carta (ver imagem do Tarô de Rider Waite), uma água escura, turva e, às vezes, sentia uma onda de emoção que me fazia chorar. Enquanto

Caminhava, ia ouvindo o barulho do rio que me acompanhava, sentia aquele barulho no meu "coração", o que me deixava com as emoções completamente afloradas.

*Deixando o hotel, à beira da estrada, em Vega de Valcarce.*

Quando fiz o Caminho de Santiago, no ano de 2016, completei o percurso programado em nove dias, já que não tinha muito tempo disponível. Porém, era exatamente o número de dias dos quais necessitava para fazer a "Novena de Maria Passa na Frente". Desta vez, ao chegar ao ponto onde havia começado o Caminho em 2016, percebi que já estava muito emocionada. Parei, voltei-me para trás e fiz minha oração de agradecimento, pedindo as bênçãos para tudo o que estava deixando e que me libertasse ali, também, de todos os meus medos, inseguranças, mágoas e ressentimentos.

*Neste ponto uma explosão de emoções, debaixo do viaduto onde comecei a Jornada no ano de 2016.*

Neste momento, tive uma explosão de emoções e chorei muito. Em meio a isto tudo: pranto e emoção, um "fio dourado" foi se materializando ao meu lado direito, como se fosse aquela luz que vemos numa foto noturna de carros em movimento. Neste exato instante, algo ou alguém me explicava que aquele "fio" era a minha própria vibração, que fui deixando desde que comecei a Caminhar na França e que se unia a outro "fio", também dourado, que havia deixado em 2016, daquele ponto, até Santiago de Compostela. Naquele ponto, "eles" se uniram. Eram os "fios energéticos" que construí passando pelo Caminho, a cor dourada era a vibração que estava emanando, pelo fato de passar pelo Caminho com devoção e em oração. Tudo ficou muito nítido para mim, chorei muito de emoção, jamais esquecerei. Entendi que o Caminho pode ser fragmentado, muitas pessoas, pelos mais diversos motivos, o fazem desta forma, recomeçando de onde pararam.

*Fui deixando para trás muitas emoções, tendo ao fundo o "meu viaduto histórico".*

A grande lição desta percepção que tive, foi a de reforçar em meu coração que, onde quer que estejamos ou formos, temos que ir com todo coração, com a melhor das intenções, pois deixamos "memórias etéreas", que ficam magnetizadas no planeta. Depois das percepções e de me acalmar, continuei o Caminho, o céu permanecia escuro e pesado, fazia um pouco de frio também, e observei maior movimentação de Peregrinos. Aos poucos, fui notando que estava conseguindo sair daquela água turva, que me prendia ao lado do crustáceo, senti sair minha cabeça e percebia que respirava com mais leveza.

Um pouco mais à frente, passei pelo povoado de Ruitelán, um pequeno povoado que acolhe em torno de 20 moradores, parei, entrei na cafeteria local, tomei um suco de laranja e prossegui.

*Começando a subida com destino a O Cebreiro.*

*Neste ponto, um Peregrino à minha frente.*
*Ao fundo, a montanha que eu iria subir com a floresta escurecida pela neblina.*

Teria uma subida íngreme pela frente, no meio de uma floresta. Comecei a subir e fui me distanciando do rio e percebendo, também, que quanto mais longe dele, com mais facilidade deixava a sensação da "água turva", até que, em determinado momento, me vi completamente fora dela e no Caminho que aparece na imagem da carta de Rider Waite, a partir desse momento, estava só e não mais senti a presença do crustáceo.

*Belezas do Caminho; aqui fiz um vídeo e ofereci estas flores para os meus Pais.*

Mas percebi, também, que, no instante que conseguia sair daquela água "escura", emergia muito fragilizada e que o sair "dela" era somente o primeiro passo. Havia um Caminho a percorrer com muitas dificuldades e este Caminho, longo e árduo, ficou bem definido na montanha que estava subindo: um Caminho sinuoso, escuro, pois estava nublado, sem nenhum trecho com declives, apenas subida e alguns pontos estreitos e muito pedregosos. Desta forma, passei pelo povoado de Las Herrerias, com aproximadamente 40 moradores, a subida forte começara neste ponto.

*Chegando ao povoado de Las Herrerias.*

*Neste ponto, saí do asfalto para as trilhas da montanha.*

Ao meu lado direito, estava presente o "fio dourado", parecendo me conduzir; do meu lado esquerdo, sentia ondas de emoção que me inundavam: às vezes, chorava; outras, apenas me emocionavam. O que fui percebendo ao longo desta etapa, da estrada e trilhas que andei, é que sair da energia de A Lua requer muito esforço e força de vontade, pois as forças contrárias agem a todo instante para nos levar novamente para as profundezas das águas, e o "fio dourado" me trazia a percepção de que o Caminho para se libertar é o da fé, é o agarrar-se às Forças do Alto e, assim, não se deixar ser sugado pela "força das águas profundas e turvas"; quanto mais me conscientizava disso, mais fortalecida me sentia.

*Subindo a montanha com destino a O Cebreiro.*

Com as emoções mais equilibradas, cheguei ao povoado de La Faba, um pequeno lugar que acolhe em torno de 30 moradores, fiz uma breve parada, troquei minha água, que já estava morna, fui ao banheiro e segui, teria ainda mais uns 450 metros de subida.

Este local era também um dos pontos críticos; percebi que estava mais refeita de minhas emoções, e que o "fio dourado", de alguma forma, estabilizava-me, tanto no Caminho físico, que estava percorrendo, quanto no Caminho espiritual, conectada com a Carta.

*Deste ponto, La Faba, teria ainda em torno de 450 metros de subida.*

*O que via às minhas costas.*

Cheguei, então, ao micro povoado de La Laguna, um pequeno lugar rural, com meia dúzia de casas, distante 3 km do meu destino de hoje, O Cebreiro. Adorei rever todos estes lugares após dois anos, até que cheguei ao ponto exato onde fiz as orações no Rosário em 2016. Um lugar com uma vista privilegiada, não resisti e me acomodei no mesmo local para fazer as minhas preces, foram trinta minutos num momento singular, de beleza e oração.

*Neste lugar, tive o meu momento de oração, com uma vista singular.*

*Marco de entrada na Comunidade da Galícia.*

*Johnny vindo ao meu encontro na chegada de O Cebreiro.*

Terminado este momento, continuei a subida e, em alguns instantes, fui percebendo que saía da carta do Tarô, como se estivesse passando por uma parede. Caminhei mais um pouco com uma sensação de leveza, de missão cumprida e, numa curva, vi Johnny que vinha me encontrar, já às portas de O Cebreiro, me recebendo para o descanso e almoço merecidos.

A chegada a O Cebreiro é, para mim, sempre muito emocionante e especial. Em minha opinião, este lugar é um "patrimônio" do Caminho Francês que leva a Santiago de Compostela: uma pequena aldeia a 1.330 metros de altitude, a qual abriga a Igreja de Santa Maria del Cebrero, que remonta do século IX. A primeira vez que estivemos ali foi no ano de 2014, ano em que se comemorava o oitavo centenário da Caminhada de São Francisco de Assis a Santiago de Compostela, e que trabalhávamos no projeto para levar alunos ao Caminho de Santiago. Antes de chegar ao hotel, passei pela Igreja para fazer os meus agradecimentos e, claro, é sempre uma emoção, ela tem uma energia muito diferente, uma vibração inexplicável, mas sentida fortemente.

*Iglesia de Santa Maria la Real do Cebreiro, do século IX.*

Fiz minhas orações de agradecimento e, em meio a elas, emocionei-me e chorei muito. Apesar de já ter me desligado da carta A Lua, ainda estava permeada por sua energia, o que me deixava mais sensível e, neste momento, fui abraçada por uma freira italiana, Irmã Sabrina, que amorosamente acolheu-me em seus braços. Sou muito grata a ela, por sua sensibilidade e amor e por dedicar a mim alguns minutos de sua vida.

*Interior da Iglesia de Santa Maria la Real do Cebreiro.*

*Nesse momento, recebi um abraço consolador.*

*Irmã Sabrina, "Anjos" que Deus coloca no nosso Caminho.*

Caminhar com o Arcano XVIII, A Lua, não foi fácil, certamente foi o mais difícil para mim, não conseguia me entregar, me vi "sabotando" a etapa. Havia planejado fazer a sua vivência em apenas um dia e, desde o início, dizia para mim mesma que não queria subir a montanha, que me levaria ao O Cebreiro, na sua vibração; como se pudesse, ou a mim fosse permitido controlar o que iria vivenciar. Na verdade, foi tudo ao contrário, além de ficar dois dias nesta Carta, ainda subi a montanha na sua vibração. Mas a experiência foi muito positiva, até para entender e poder ajudar, com compaixão, quem esteja num momento de vida onde A Lua é sua "companheira".

### *Conselho de A Lua*

- Medos

Seus medos não fazem parte da Criação Divina, são fantasmas que você próprio os criou; se os fortalecerem, eles irão "devorá-lo". Dentro de você há uma "Força Maior", capaz de destruí-los, concentre-se e faça emergir esta "Força".

ETAPA 28 DE 34 12/07/2018

# O Caminho de O Sol

*De O Cebreiro para Triacastela*

Em meu livro intitulado "Tarô um Caminho de Autoconhecimento", em todos os Arcanos Maiores, busquei uma personalidade ou um fato histórico que representasse cada Arcano. Em O Sol, Arcano XIX, não conseguia visualizar outra personalidade, como representante Dele, que não fosse Jesus Cristo. Assim o fiz, e coloquei a seguinte passagem bíblica: *"Eu sou o Caminho, a Verdade e a Vida, ninguém vem ao Pai senão por mim."* João 14:16. Foi nessa vibração que dormimos na noite anterior, ouvindo a meditação deste Arcano, acordando no dia de hoje, com Ele aquecendo o nosso dia e os nossos "corações".

Despertar no povoado de O Cebreiro, para mim, é muito especial e extasiante. É uma aldeia toda de pedra, que está a 1.330 metros de altitude; sua igreja é datada do século IX, Santa Maria la Real, que abriga em seu interior um cálice do século XII, associado ao Milagro del Cebrero, uma lenda que tornou o local famoso em toda a Espanha e que vale pesquisar.

*Pousada onde nos hospedamos, Mesón Antón.*

*Igreja datada do século IX, Santa Maria la Real.*

Nesse local, também há registros da passagem de São Francisco de Assis, no ano de 1214, em Peregrinação rumo a Santiago de Compostela; nessa mesma igreja, há uma imagem dele, em madeira e tamanho natural. Logo após o café da manhã e antes de começar a Caminhada do dia, que hoje seria de 21 km oficiais, até o povoado de Triacastela, fizemos nossa visita à igreja, que tem o dom de me emocionar profundamente. Ela é pequena e simples, mas possui uma energia vibrante, indecifrável, e que me faz chorar toda vez que estou lá dentro. É a quinta vez que a visito e hoje foi muito forte e especial; compramos uma vela de sete dias e a acendemos aos pés da imagem de Francisco de Assis. Penso que sua presença neste local deixou esta vibração especial, assim como em todo o Caminho. Num determinado canto da igreja, há cestas com Mensagens, em diferentes idiomas, inclusive em português, que escolhemos aleatoriamente, então, pensei no meu dia, no Arcano O Sol, que estaria vivenciando hoje e peguei a minha mensagem: *"E, arrastando eles os barcos sobre a praia, deixando tudo O seguiram."* Lucas 5:11.

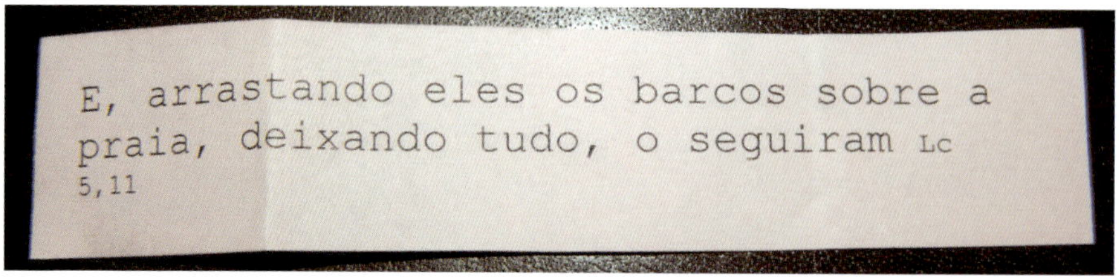

E, arrastando eles os barcos sobre a praia, deixando tudo, o seguiram Lc 5,11

*Mensagem que retirei do cestinho de mensagens em português.*

Claro que chorei muito, e nem precisa de maiores explicações. Neste momento, completamente emocionada, fui amparada por uma freira polonesa, que, sensibilizada com meu pranto, veio me consolar e trazer lenços de papel; serei sempre grata por seu gesto de amor e carinho dedicados a mim naquele instante.

*A Irmã polonesa que docemente abraçou-me, quando me viu emocionada.*

Passada a emoção, deixamos nossa assinatura no livro de registros da igreja e saímos; Johnny acompanhou-me até a saída da aldeia.

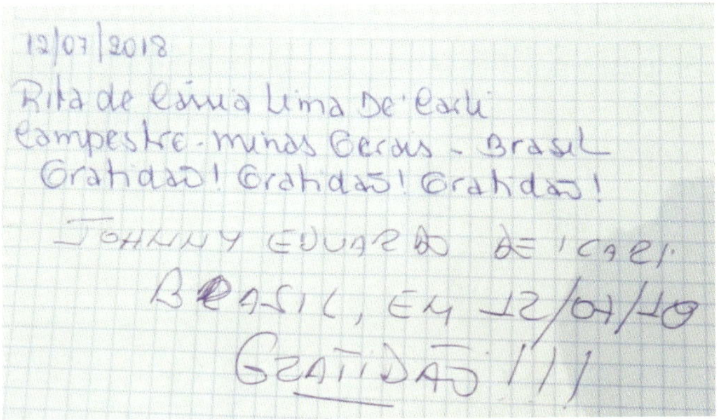
12/07/2018
Rita de Cássia Lima De'Carli
Campestre - Minas Gerais - Brasil
Gratidão! Gratidão! Gratidão!
JOHNNY EDUARDO DE'CARLI
BRASIL, EM 12/07/18
GRATIDÃO !!!

*Nosso registro que deixamos no livro da igreja.*

Abençoamo-nos, fizemos nossas orações de sempre, e segui o meu Caminho, que já conhecia, pois já havia feito este trecho por três vezes, sendo duas a partir de O Cebreiro, quando acompanhamos grupos de alunos do Instituto Brasileiro de Pesquisas e Difusão do Reiki, e uma vez saindo do povoado anterior a este, Vega de Valcarce, onde Caminhei só, com Johnny dando-me o suporte logístico.

*O Cebreiro, uma aldeia muito especial que guardo carinhosamente no meu "coração".*

Mas o Caminho é sempre diferente, independente do número de vezes que se passa por Ele. Andei alguns metros e, antes que começasse a descer a montanha, virei-me e fiz minha oração, abençoando e agradecendo o que estava deixando para trás, com muito pesar.

*Com pesar, fui deixando para trás a pequena aldeia, O Cebreiro.*

Como estava na vibração de O Sol, resolvi fazer a visualização do portal gigante da carta, já que é uma energia muito boa. Mas me equivoquei, não consegui passar por ele; não acontece quando quero, respeitei e segui o Caminho. O dia estava maravilhoso, a neblina que pairava sobre O Cebreiro começava a se dissipar, com o sol dando "bom dia" e o aquecendo com seus luminosos raios.

Assim, passei por um pequeno povoado, Linares, e segui até um ponto muito conhecido, o Alto de San Roque, onde há uma escultura de bronze, enorme, de um Peregrino avançando contra o vento, parada obrigatória para fotografar. Fiz as minhas fotos e um vídeo e segui o meu Caminho.

*O sol foi aos poucos dissipando a neblina, ao mesmo tempo em que aquecia o dia.*

*Ao fundo, o pequeno povoado de Linares.*

*O Alto de San Roque com a estátua do Peregrino ao vento, neste ponto, estava a 1.270 metros de altitude.*

Em pouco tempo, comecei a ter uma percepção à minha frente; no alto eu visualizava uma cruz, com Jesus crucificado. Pensei ser coisa da minha imaginação e tentei visualizar uma imagem bonita de Jesus, mas desisti, o crucifixo manteve-se ao longo de todo este trecho do Caminho. Achei muito estranho, mas resolvi não tentar entender; foi quando, parando de questionar e racionalizar a situação, veio-me a percepção de que teria que permanecer neste Arcano também no dia seguinte.

*A partir deste ponto, comecei a ter a visualização do Crucifixo.*

O Caminho seguiu tranquilo, sem mais percepções, a não ser para fazer as orações do Rosário. Passei pelo povoado de Hospital de la Condessa, um lugar bucólico, que recebe os Peregrinos através de sua rua principal. Cheguei ao Alto do Poio, uma subida íngreme, com uma cafeteria "esperando" logo após a subida, com parada obrigatória também, além de ter uma vista deslumbrante, aproveita-se para tomar uma água ou café, e foi o que fiz.

*Em Alto do Poio uma vista deslumbrante.*

Neste ponto, o céu começou a ficar nublado e com nuvens carregadas, mas não choveu. Seguindo, passei por Fonfría e Biduedo, povoados da Idade Média, onde me sentei à sombra de uma árvore para encerrar minhas orações. E assim, fui Caminhando entre as montanhas, com paisagens maravilhosas, vendo o gado pastar, ao som dos sinos que ficam pendurados no seu pescoço, acho muito lindo isto.

*Passando por Fonfría, um pequeno povoado.*

Passei pelo povoado de Fillobal, um lugar muito pequenino, mas acolhedor, com seu albergue e restaurante às margens do Caminho. Continuava com a percepção da imagem de Jesus crucificado à minha frente e quase chegando ao meu destino de hoje, senti também uma energia triste no ar, energia de morte, fúnebre, fiquei um tanto preocupada, algo estranho, não sei definir. Veio-me à mente o calvário de Jesus, sua morte na cruz, a energia que deve ter pairado no ar naquele momento e a vibração que deve ter este mesmo lugar até hoje, me arrepiei e me senti mal. Não imaginei que vivenciar a carta O Sol seria assim, mas foi.

*O gado com os sininhos no pescoço, um delicioso som no alto da montanha.*

*O povoado de Fillobal "abrindo suas portas" para eu passar.*

Após sete horas de Caminhada, cheguei ao meu destino, Triacastela, um povoado com aproximadamente 650 habitantes, com séculos de histórias e um grande fluxo de Peregrinos na primavera e no verão. À sua entrada, encontramos uma linda castanheira com mais de 800 anos e com uma envergadura no seu tronco de mais de oito metros.

*Quase chegando à Triacastela, meu destino de hoje. Caminho entre árvores.*

*Às portas de Triacastela, a castanheira com mais de 800 anos.*

Entrei no povoado e fui encontrar Johnny, que se encontrava hospedado na pousada do Sr. Davi, o qual já conhecia desde que estivemos a primeira vez por aqui, em 2014. Tomei um banho, descansei um pouco, e saímos para o jantar, momento em que contamos um ao outro as novidades do dia.

*A Pousada Casa Davi, que nos acolheu por várias vezes em Triacastela.*

# O Caminho de O Sol

*De Triacastela a Sarria*

Hoje, acordei ao som da música "Luz Divina", do cantor Roberto Carlos, colocada por Johnny para me despertar. Na noite anterior, dormimos novamente com a meditação de O Sol. Levantei-me, tomei banho, me arrumei, e descemos para o café da manhã. O dia estava divinamente bonito, uma suave neblina cobria o povoado; o sol ia subindo e aos poucos desfazendo aquela névoa.

*O sol foi aos poucos dissipando a neblina e aquecendo o dia.*

Após o café, peguei minha mochila e acessórios, e saímos. Iríamos passar na Igreja de Santiago Apóstolo, a fim de selar minha credencial; construção datada do século XII e cercada por um cemitério.

Logo à entrada, à minha direita, deparei-me com um crucifixo enorme, com Jesus crucificado, idêntico à "percepção" que tive no dia anterior.

*O crucifixo que havia "visualizado" no dia anterior era parecido com este.*

Havia uma jovem responsável por selar as credenciais; ao lado dela, no chão, uma caminha improvisada para um bebê de mais ou menos dois anos de idade, numa cena muito bonita, mãe e filha, uma renovação da vida, como no Arcano O Sol. Selada a credencial, saímos da igreja, e Johnny acompanhou-me até a saída do povoado, onde tomaria o meu Caminho com destino a Sarria, distante 20 km. Aqui, uma curiosidade, há dois Caminhos distintos que levam a Sarria: um passando por San Xil e outro, por Samos. Dizem haver uma rivalidade entre este último e Triacastela, fazendo com que esta localidade enfatize e recomende o Caminho por San Xil, deixando o Peregrino um pouco confuso com essa variante.

*Duas opções de Caminho deixando os Peregrinos confusos.*

Particularmente, no passado, já fiz ambos os Caminhos e minha escolha, nesta jornada, foi o que passa pelo povoado de San Xil, muito mais agradável e bonito. Alguns metros a mais e nos despedimos, Johnny e eu, abençoamo-nos, e segui o Caminho com apenas três povoados à frente, San Xil, Furela e San Mamede do Camiño, todos muito pequenos.

*Um Caminho maravilhoso me levava até Sarria.*

Foi um trecho muito bonito em meio a bosques e florestas nativas. Como o dia estava muito ensolarado e sem nuvens, as árvores traziam um frescor adorável e muito especial. Estava muito feliz com a energia daqueles momentos e com a suave vibração do Arcano O Sol. O dia literalmente vestia o Arcano XIX; cruzei o povoado de San Xil, vendo-o somente de longe, um aglomerado com pouquíssimas casas; o Caminho apenas o contorna.. Ao Caminhar, ia lembrando-me dos alunos do Instituto Brasileiro de Pesquisas e Difusão do Reiki, que estiveram conosco fazendo o Caminho de Santiago nos anos de 2015 e 2017; às vezes, me pegava rindo sozinha das situações engraçadas que vivenciei com elcs. Em alguns momentos, parecia ver as pessoas no Caminho, ali, ao meu lado, foi interessante, senti saudades de algumas delas.

*Uma bênção a oportunidade de andar por estes Caminhos. Gratidão!*

Prosseguindo, mais à frente, parei num recanto construído por uma família para atender os Peregrinos; um ambiente delicado, preparado num galpão, com uma mesa farta, para que pudéssemos nos servir à vontade, com pães, geleias, sucos, etc. O pagamento, mais uma vez, seria em forma de donativo, deixar o que achássemos justo.

*Um lugar acolhedor preparado por mãe e filho para receber os Peregrinos.*

*O Amor "preparou" o local, é perceptível quando entramos.*

Neste mesmo local, encontrei um brasileiro, que falou comigo, era de Brasília e estava aguardando sua esposa e filhos, que estavam a alguns metros atrás. Quando chegaram, apresentamo-nos e ficamos todos felizes com o "encontro brasileiro"! Achei interessante, pois foi a primeira família que encontrei em 29 dias de Caminhada; estavam pagando uma promessa. Imediatamente lembrei-me do Arcano XIX, que fala da renovação da vida – é através da família que a vida se renova. A estrutura que senti naquela família e a união para um propósito comum os colocavam na energia de realização, de partilha e de alegria da carta O Sol. A força do bem estava clara ali, e também me remeteu ao Brasil – Pátria do Evangelho; talvez por eles serem de Brasília, a capital federal escolhida por Juscelino Kubitschek, que a idealizou naquele lugar, por orientação espiritual. Despedimo-nos, e a família seguiu na minha frente; fui observando-a até que desaparecesse numa curva do Caminho, momento em que comecei as minhas orações no Rosário.

O sol iluminava e aquecia fortemente o dia, e antes do segundo povoado, Furela, eis que surge uma cafeteria; parei, fui ao banheiro e pedi uma Coca-Cola com gelo e limão para refrescar. Descansei um pouco, passei minha localização para Johnny através do celular e segui. O Caminho estava agradabilíssimo, completamente rural e sonoro, com pássaros cantando, vacas mugindo e ovelhas berrando, muita água descendo pelas florestas, formando fontes de água cristalina – nem precisei comprar água.

*Uma surpresa em cada curva do Caminho.*

Após Caminhar em torno de 16 km, já próximo do meu destino de hoje, parei num povoado chamado Aguiada, com aproximadamente 40 habitantes. Aproveitei para tomar um suco, já que estava muito quente, e novamente me veio à lembrança os alunos das viagens anteriores, conseguia percebê-los em cada trecho do Caminho. Com muito calor, muito sol e o coração feliz, cheguei a Sarria, meu destino de hoje, com Johnny recepcionando-me e o hotel esperando-me para um maravilhoso banho e uma abençoada refeição, já que pelo Caminho, meu alimento preferido é amendoim e castanha torrados, o que me dá muita energia.

*Sarria me dando as boas-vindas.*

E, por falar em energia, continuaremos na vibração do nosso maravilhoso Arcano O Sol. Refleti muito sobre esta decisão, pois por várias vezes, ao longo do Caminho, visualizei o portal gigante da carta, mas não conseguia transpô-lo. A impressão que tinha era que não me era dado o direito de entrar naquele recinto, e como esta situação começou a me deixar tensa, decidi deixar fluir e não me cobrar nenhuma situação, apenas Caminhar e sentir o Caminho com suas sutilezas. Depois que entrei nesta vibração, de aceitação com o que estava acontecendo, percebi que deveria permanecer com este Arcano, e assim o fiz. Depois de fazer este registro, colocamos novamente a meditação de O Sol e dormimos ouvindo-a.

# O Caminho de O Sol

*De Sarria a Portomarin*

Acordamos novamente na vibração do nosso poderoso O Sol; arrumei-me e descemos para o café da manhã. E, para minha surpresa, na mesa ao lado, mais uma linda família, começando em Sarria a sua Peregrinação. Muitos Peregrinos começam nessa cidade, em função da exigência mínima de 100 km percorridos a pé, a cavalo ou de bicicleta, para receber o certificado emitido pela igreja, que atesta que o Peregrino cumpriu essa quilometragem. Este documento se chama Compostela e é gerado pela credencial que adquirimos no início do Caminho, que, então, vamos carimbando-a com os selos dos estabelecimentos ao longo do Caminho, sendo exigido um mínimo de dois carimbos por dia. Achei interessante o fato de ver outra família e percebi em mim o mesmo sentimento do dia anterior, com a família de brasileiros; uma energia muito forte entre eles, a felicidade e interação entre os pais e as crianças davam a impressão de Unidade, muito especial. Após o café, subimos ao quarto, terminei de me arrumar, e seguimos para a saída da cidade, rumo ao destino de hoje que seria Portomarín, distante 23 km. Assim fui deixando Sarria, uma cidade um pouco maior, com aproximadamente 13.000 habitantes, com forte presença romana e histórias seculares. Atravessamos toda a parte central da cidade até o alto dela, onde fizemos nossas orações e nos despedimos.

*Deixando Sarria...*

Eram 10h da manhã e o sol, preguiçosamente, ia dissipando a neblina da manhã. O dia prometia ser quente e com céu azul. Saindo da cidade, passei pelo Mosteiro de la Magdalena, uma bela obra do século XIII e, por fim, pela famosa Ponte da Áspera, de origem romana, toda de pedra, que cruza o Rio Celeiro, e é passagem obrigatória a todo Peregrino. Ao cruzá-la, fiz minhas orações, abençoando tudo o que deixava, agradecendo a oportunidade de passar por ali.

*Ponte da Áspera, bela construção do século XVIII, passagem obrigatória para os Peregrinos.*

Virei-me e segui em frente, tentei visualizar o portal da carta, mas novamente não consegui transpor, então, resolvi não me estressar e desfrutar do Caminho. Logo à frente, depois de cruzar uma linha férrea, entrei num bosque de árvores centenárias, com uma subida um pouco íngreme, mas muito agradável, foi quando fiz uma parada, e outra família passou por mim. Fiquei observando e comecei a refletir sobre o fato de ser a terceira família enquanto estava na vibração do Arcano O Sol. Nesse momento, tive uma sensação diferente e intui que deveria seguir atrás deles, sem perdê-los de vista; foi, então, que comecei a ter uma percepção, fazendo relação da energia de O Sol com a família.

*Gratidão a esta família que me permitiu importantes percepções sobre o Arcano XIX.*

A vida se renova todos os dias através do sol, sem ele não estaríamos aqui. A família é a união, a reconciliação dos opostos, que renova a vida e que expande; quando estruturada e em equilíbrio, ela vibra na frequência positiva da carta O Sol, que é geradora de uma energia de felicidade e crescimento. Energia emanada através de um campo eletromagnético, que percebi naquele momento e naquela condição, com a família à minha frente, ser a Força do Amor; como disse o Mestre Jesus: *"Quando duas ou mais pessoas estiverem reunidas em meu nome, lá estarei."*, Mateus 18:20.

Então, me veio à mente também que Deus, em seu Infinito Amor por sua Criação, enviou seu Filho, Jesus Cristo, para fazer uma renovação no "coração" dos homens, e O enviou no seio de uma família. Achei muito lindas as percepções desses momentos. Conseguia visualizar a carta gigante à minha frente, enorme, vibrante e com uma forte energia; desta forma, segui Caminhando com a família à frente e feliz com as reflexões acerca dela, que é uma célula sagrada da humanidade.

Em Barbadelo, primeiro povoado do dia, com aproximadamente 200 habitantes, parei na cafeteria de um albergue muito charmoso, tomei um café e saí; a família partiu antes de mim, e não a vi mais.

*Parada para um café, com o colorido das lavandas.*

Um pouco mais à frente, encontrei a família que havia tomado café da manhã no mesmo hotel que nós. Definitivamente, concluí que a instituição família, quando estruturada, harmônica e fortalecida está associada fortemente ao Arcano XIX. Era o terceiro dia de vibração deste Arcano e também o terceiro dia em que famílias se faziam presentes ao longo do Caminho. Passei por vários lugares que só consegui identificá-los por estar com um mapa, na maioria deles não havia nenhuma placa de identificação. Fiz uma parada num local, cujo nome era A Brea, tomei um suco, descansei e segui o Caminho. Apesar do dia quente, foi muito tranquilo, com muitas árvores trazendo um refresco, e uma paisagem bucólica.

*Gratidão era o que preenchia o meu coração.*

*Detalhes do Caminho: uma linda libélula azul.*

Foi em meio a esta cena que fui fazendo as orações no meu Rosário, as quais hoje, especialmente, também foram dedicadas ao meu amado sobrinho, Lucas de Castro Lima Franco, que fazia aniversário. Mais adiante passei por Ferreiros, com uma bela igreja romana e, em seguida, encontrei um marco emblemático do Caminho, o "km 100", indicando que, daquele ponto, teria exatos 100 km para chegar ao destino final da minha Jornada, Santiago de Compostela. Confesso que fiquei num misto de alegria e tristeza.

*O tão esperado e marcante km 100.*

Desta forma, segui em meio à natureza exuberante, silenciosa e com muitos carvalhos ao longo deste trecho. Passei por As Rozas, este ano com uma cafeteria nova servindo aos Peregrinos, e Vila Chá, já às portas de Portomarín, que me levaria a uma íngreme descida até chegar à estrada margeada pelo famoso Rio Minho, cuja ponte teria que cruzar.

*Um convite à reflexão...*

Depois de sete horas caminhando, sob o sol e calor, atravessei a ponte que me levaria ao centro da cidade, com aproximadamente 1.500 habitantes e com histórias desde a Idade Média. Feita a travessia, subi uma escadaria que leva à Capela das Neves, é uma das portas de entrada para a cidade.

*Ponte sobre o Rio Minho com a acolhedora Portomarín à minha espera.*

*Escadaria que leva à Capela das Neves, a porta de entrada para os Peregrinos.*

Após este ponto, encontrei Johnny, que vinha ao meu encontro. Em seguida, tive uma grata surpresa, encontrei Simona, uma búlgara que conheci no Caminho, cruzamo-nos por várias vezes e já havia alguns dias que não nos encontrávamos. Foi um momento feliz para ambas, abraçamo-nos e, com os olhos marejados, disse a ela que a incluía, todos os dias, em minhas orações, o que a deixou também emocionada. Ao abraçá-la, senti uma emoção diferente, alegria e tristeza, enfim, coisas do Caminho; fizemos fotos e nos despedimos.

*Simona, uma doce e silenciosa presença no Caminho. Gratidão!*

Subimos a rua principal que nos levaria à praça na qual se encontra a Igreja de San Nícolas, onde entrei para selar minha credencial, mas, antes de chegar à praça, deparamo-nos com um funeral, e achei interessante fechar a carta de O Sol com ele; no primeiro dia vivenciando esta carta, visualizei Jesus Cristo crucificado à minha frente e, ao final do dia, uma energia de morte no ar. Ontem, comecei o dia – com uma jovem e sua filhinha, dentro da igreja – seguido até o dia de hoje de várias famílias integradas com um mesmo propósito e, ao final, o funeral, com famílias também reunidas, tudo me apontando para o ciclo de renovação da vida.

Caminhar com o Arcano O Sol não foi fácil, confesso que me equivoquei, achei que seria mais suave e tranquilo; todavia não, é uma energia muito forte, de muito poder e de uma energia muito elevada. Demorei um pouco para captar a sua vibração, mas, ao final, achei interessantes as percepções que tive e que muito irão acrescentar nos meus cursos de Tarô. Neste momento, entendi o fato de não conseguir entrar na carta de O Sol, quando visualizava o portal e não o conseguia transpor. Não se entra no Sol, na verdade, Ele que irradia para nós o seu calor, a sua luz, a sua vida. Ele, com a sua exuberância, é que entra em nós.

Depois do banho e de esperar que a chuva, que chegou comigo em Portomarín, derramasse suas águas sobre a cidade, saímos para jantar.

*Portomarín me recebeu com muita chuva.*

E, falando em família, o restaurante onde fomos jantar era administrado por uma família, e na rádio local, tocava a emocionante música Lady Laura, do cantor Roberto Carlos, em homenagem à sua mãe. Desta forma encerramos nosso dia com o Arcano XIX.

## Conselho de O Sol

- Renovação

A família é a fonte de renovação e expansão da vida, há que se cuidar dela, para que se cumpra a sua verdadeira função. Valorize a família!

ETAPA 31 DE 34 15/07/2018

# O Caminho de O Julgamento

*De Portomarín a Palas de Rei*

Hoje, acordamos na vibração do Arcano XX, O Julgamento. Na noite anterior, dormimos com a sua meditação, mas decidi repeti-la pela manhã. Às vezes, vinha-me uma intuição de repetir a meditação. Após o banho, descemos para o café da manhã e, em seguida, Johnny, com toda a paciência, acompanhou-me até a saída da cidade, para as bênçãos diárias que trocávamos em nossa despedida. Dessa vez, foi à entrada de um pequeno bosque, de onde seguiria para Palas de Rei, meu próximo destino, distante 25 km oficiais, mas, ao final, no meu marcador, totalizou 28 km.

*Deixando Portomarín num dia frio e nublado.*

*Começando a subir um lindo bosque.*

O dia amanheceu nublado e permaneceu dessa forma ao longo dele, o que tornou a Caminhada mais fácil; cheguei até a sentir frio em alguns trechos desta etapa. Nos primeiros 2 km, dentro de uma floresta nativa, virei-me, fiz minhas orações de agradecimento e segui. Caminhei um pouco mais e resolvi fazer a visualização do "portal gigante" da carta O Julgamento e, numa atitude mais humilde, pensei: "estou aberta para as experiências que forem do meu merecimento", e segui; naquele momento, não consegui atravessar o "portal".

*A subida continuou.*

*Encontrei um cruzeiro com oferendas dos Peregrinos.*

Caminhei mais um pouco, e o trajeto começou a margear a estrada de asfalto, o que não me agrada, mas faz parte do Caminho e, em pouco tempo, retornou para o bosque, trazendo-me uma surpresa muito desagradável: uma subida com belas e antigas árvores, que leva a um bosque de pinheiros, todo incendiado e com suas árvores queimadas por completo. Parecia-me recente o incêndio, pois ainda podia sentir o cheiro da queimada; fui subindo e sentindo o meu coração triste com essa cena.

*Uma cena muito triste, o bosque todo queimado.*

Quando vi o bosque todo queimado, resolvi fazer um vídeo, pois, não acreditava, era a quarta vez que passava por ali e era um lugar lindo. Não aguentei e comecei a chorar copiosamente, tamanha a tristeza que estava sentindo. Chorei muito, uma tristeza profunda e, naquele momento, em meio às lágrimas, me vi dentro da carta do Arcano O Julgamento, dentro de um túmulo daqueles da carta de Rider Waite, juntamente com as pessoas da imagem do baralho. Então, tive a percepção de que a tristeza que sentia estava na "Consciência" do bosque. Naquele momento, estava acessando a "Consciência Coletiva" daquelas árvores e captei a tristeza delas, foi muito doloroso sentir isso.

*Em meio à tristeza, sentia também o cheiro da madeira queimada.*

Toquei numa das árvores e pedi perdão a elas por tamanha agressão. Claro que sou contra as agressões de qualquer tipo à Natureza, mas uma coisa é ser contra, a outra é sentir a tristeza dela. Fiquei um tempo olhando para aquela cena, tentando me acalmar e parar de chorar e, ao mesmo tempo, fazendo uma oração de perdão àquelas árvores.

*Neste momento conseguia sentir a dor da "Consciência Coletiva" do bosque.*

Segui o Caminho e senti que me vinham ondas de emoções inferiores. Parecia, também, que estava mais sensível à Natureza, percebia a emoção no canto dos passarinhos, no mugido das vacas, no barulho do vento tocando as árvores... Fui Caminhando e sentindo que havia uma tristeza no ar, até que depois de, mais ou menos, 7 km cheguei a Gonzar; pequeno povoado de aproximadamente 40 habitantes. Parei na cafeteria local, tomei um suco, reequilibrei minhas emoções e segui adiante, refletindo sobre a percepção que acabara de ter e da importância deste Arcano, de como Ele nos chama a uma nova Consciência. É impossível chegar ao Arcano posterior sem "despertar", sem "florescer" nesta Carta. Este Arcano é exatamente a frase de Albert Einstein, na qual ele diz: *"A mente que se abre a uma nova ideia jamais voltará ao seu tamanho original."*

Enquanto refletia sobre o que estava acontecendo, conectava-me com a emoção daqueles momentos, até que, novamente, me foi mostrada a "Consciência do Planeta Terra". Imensa, gigantesca, repleta de vida e, dentro dela, diversas "Consciências Coletivas", por exemplo: a do bosque de pinheiros – quando uma destas "Consciências" é agredida, transfere o sofrimento para a grande "Consciência do Planeta". Foi-me mostrada uma relação com uma mãe, que tem vários filhos; se um deles sofre, por qualquer motivo, a mãe também sofre a dor do filho, assim é a "Consciência do Planeta" com relação às várias "Consciências Coletivas" que habitam nele. Claro que me emocionei e chorei muito de tristeza, minha e, mais uma vez, por ter tido acesso à "Consciência do Planeta" – à sua parte sofrida, por tudo o que não estamos fazendo para cuidar dele. Este é o despertar do Arcano XX, O Julgamento. Quando isso ocorre, não conseguimos mais ser os mesmos e ter as mesmas atitudes. Todas essas percepções ocorreram nos primeiros 9 km; após isso, foram apenas reflexões sobre a vivência e as idas e vindas das diferentes emoções, que chegavam em ondas. Tive uma subida íngreme à frente, no povoado de Castromaior, com aproximadamente 25 habitantes, mas foi bem tranquilo pelo fato de o dia estar nublado e um pouquinho frio.

*Em Castromaior, uma subida agradável em função do dia nublado.*

Passei por micropovoados e fiz uma parada em Ventas de Narón, um pequeno e acolhedor lugar, com uma cafeteria onde entrei para comprar água, e a vendedora era brasileira, da Bahia. Conversamos um pouco, senti que ela ficou feliz, e eu também. Despedimo-nos, e a abençoei. Ao lado da cafeteria, uma pequena igreja, a Capilla de la Magdalena; entrei para selar minha credencial e fiquei surpresa, pois havia um senhor dentro dela que atendia os Peregrinos, colocando o selo na credencial, mas, com nossa ajuda, pois era deficiente visual. Achei interessante estar vivenciando uma carta que traz luz à Consciência – que mostra, que desnuda –, e eu encontrar e ser atendida por um homem cego.

*Uma pequena igreja, a Capilla de la Magdalena.*

Saí da igreja e continuei meu Caminho com muitas reflexões, passei pelos povoados de Ligonde e Airexe, resolvi fazer as orações no meu Rosário e as dediquei para o Planeta e suas formas de vida. Passei por Abenostre, um lugar bem agradável, com uma cafeteria e restaurante bem movimentado por Peregrinos. Ainda teria em torno de 7 km até chegar ao meu destino do dia e encontrar Johnny. O Caminho estava agradável, em meio a um bosque e muitas árvores; em alguns momentos, elas se entrelaçavam de tal forma, que me sentia dentro de uma catedral, tão linda era a formação delas!

*Sob estas árvores, tive a sensação de estar dentro de uma catedral natural.*

Após este trecho, fui me aproximando de Palas de Rei, na sua periferia, já que era uma cidade um pouco maior, e assim encontrei Johnny, que vinha ao meu encontro. Desta vez, ficamos hospedados num hotel fora da cidade, numa área com um bosque muito bonito, achei bom que foi dessa forma, pois estava muito conectada com a Natureza, em função das vivências que tive, e a sensação que me veio foi que ficar naquele lugar foi providencial.

A experiência com o Arcano XX, O Julgamento, foi muito dolorosa, porém, muito importante. Ficou mais claro o chamado do Anjo da Carta, do "florescimento" e do "despertar" que Ela propõe, além, é claro, de ter-me conectado com a "Consciência do Planeta".

### *Conselho de O Julgamento*

- Despertar

A integração do homem com a Natureza; a Consciência de que somos Um; que a dor da Natureza é também nossa dor; que somos irmãos e, acima de tudo, o respeito por ela, assim como queremos ser respeitados. Este é o despertar da "Consciência Ecológica", para que possamos juntos, entrar numa Nova Era.

# O Caminho de O Mundo

*De Palas de Rei para Arzúa*

Hoje, completei o meu 32 dia de Caminhada – terei mais três dias apenas: sendo dois, Caminhando, e o terceiro, reservado para a Missa do Peregrino, já na cidade de Santiago de Compostela. Encerro, assim, a Jornada que comecei no dia 15/06/2018, em Saint Jean Pied de Port, na França. Hoje e nos demais dias, estarei na vibração do Arcano XXI, O Mundo. Na noite anterior, esquecemo-nos de colocar a meditação de O Mundo. De madrugada, por volta de 02h30min, estava num sono inquieto, quando Johnny despertou e colocou a meditação, dormimos ouvindo-a. Foi nessa vibração que acordamos e começamos o dia. Tomamos o café da manhã, e Johnny me acompanhou até a entrada da cidade de Palas de Rei, já que ficamos hospedados numa área de bosque, na zona periférica da cidade, que tem aproximadamente 4.000 habitantes.

*Deixando o Hotel La Cabana que fica na zona periférica da cidade de Palas de Rei.*

Fizemos nossas orações de sempre, despedimo-nos, e segui o Caminho que me levaria até Arzúa, distante 29,5 km.

*Lugar em que nos despedimos em Palas de Rei, às portas da Igreja de San Tirso.*

De manhã, estava muito frio e com muita neblina, o sol se esforçava para sair entre as nuvens e assim seguiu o dia todo, ora saía e ora se escondia. Apesar da distância e do dia quente, o Caminho foi suave, pois grande parte deste trecho é feita entre árvores e bosques. Ao sair da cidade, fiz a oração agradecendo pelo Caminho percorrido e segui em frente fazendo também a visualização do "portal gigante" da carta O Mundo, mas não consegui atravessá-lo; fiquei tranquila e resolvi não pensar ou questionar, não poderia racionalizar este momento.

*Gostei da mensagem deixada, da qual não duvido:*
*"Com Maria caminhar é mais fácil."*

Havia Caminhado em torno de 5 km quando comecei a ter a percepção de que não conseguiria acessar o "portal" no dia de hoje, pois esta é uma energia de celebração, e eu ainda estava numa energia de finalização. A comparação que me veio, por intuição, é como se fosse um aluno entrando no último ano de faculdade; ele tem um longo ano pela frente, de trabalho e esforços, sendo a formatura a coroação, a celebração, a recompensa por todos os seus esforços.

*Neste dia, o Caminho estava especialmente muito lindo.*

Outra situação também me chamou a atenção: em determinado momento, estava me sentindo muito cansada, um pouco esgotada, parando mais do que o normal, o que me deixou até preocupada, pois se tratava de um trajeto bem longo, e ainda não havia chegado nem na metade do trecho a percorrer. Então, fui refletindo e calmamente me interiorizando. Tive a percepção de que o cansaço, que estava sentindo, estava ligado ao cansaço acumulado, que atinge a pessoa antes de uma celebração, visto que até que chegue este momento tão esperado, há um longo trabalho à frente. Também me vi refletindo sobre tudo o que passou, sobre os acontecimentos e como será depois que encerrar esta Jornada; estava me sentindo exatamente como um aluno prestes a se formar, pensando sobre o que passou e preocupado com o novo ciclo que virá.

*Um trecho do Caminho com muita reflexão.*

Após essas reflexões, o dia correu normal, com exceção de dois aviões de guerra, caças da Força Aérea Espanhola, que passaram num voo rasante sobre a minha cabeça, quando Caminhava por uma estrada rural, ouvindo vacas mugindo e passarinhos cantando. Foi um barulho ensurdecedor, levei um susto enorme e isso me remeteu às guerras, fiquei triste, mas, infelizmente, esta é uma realidade do mundo; enquanto as guerras promoverem a fome, não veremos o amanhecer de uma Nova Era.

Passei por três povoados pequeninos, Casanova, Leboreiro (por este tenho um carinho especial e inexplicável) e Furelos; como estávamos em pleno verão e férias escolares, o Caminho estava cheio de famílias e Peregrinos mirins, uma energia muito boa, de família.

*Igreja de Santa Maria de Leboreiro, um lugar muito especial.*
*Minha gratidão por servir de passagem aos Peregrinos.*

Após 14 km, cheguei à cidade de Melide, com aproximadamente 7.500 habitantes, que abre suas portas e dá passagem aos Peregrinos. Tem um comércio forte e é muito hospitaleira; hoje, em particular, estava bem movimentada por uma festa local. Aproveitei, fiz uma pausa para um suco e segui adiante, passando pelos povoados de Boente, Castañeda e Ribadiso da Baixo, todos muito pequenos. Este, um lugar muito acolhedor, com uma ponte romana de água cristalina – onde os Peregrinos aproveitam para molhar os pés – e com albergues e charmosos restaurantes, na verdade um deleite, poucos quilômetros antes de chegar a Arzúa.

*Neste local tive um momento especial de puro deleite, impossível não se encantar.*

*Esse trecho foi um convite para uma viagem interior. Minha eterna gratidão!*

Após nove horas Caminhando e 34,43 km percorridos, alcancei meu destino do dia, Arzúa, com Johnny me recepcionando, o que me deixa, é claro, muito feliz!

*Chegando a Arzúa, com minhas abençoadas botas já desgastadas, após mais de 800 quilômetros percorridos.*

*Minha eterna gratidão a Arzúa, por ter me recebido.*

Cheguei ao hotel, tomei um banho e antes de sairmos para o jantar, fiz estes registros. Como já dito, amanhã estaremos novamente na vibração do Arcano XXI, O Mundo.

# O Caminho de O Mundo

*De Arzúa para O Pedrouzo*

Hoje, acordei com Johnny colocando a meditação do Arcano O Mundo. Após ouvi-la, me levantei, tomei um banho, e descemos para o café da manhã; em seguida, peguei minha mochila e acessórios, e partimos, como todas as manhãs, rumo à saída da cidade.

*Deixando o Hotel Arzúa que nos acolheu. Para sempre minha gratidão.*

Pela primeira vez, esqueci-me de selar minha credencial ao deixar o hotel, como de costume, mas, nada é por acaso, Johnny lembrou-me, e o fiz na igreja de Arzúa, onde, no dia anterior, ocorreram os festejos em homenagem a Nossa Senhora do Carmo. Dia 16/07/2018, foi o dia Dela; fiquei emocionada, pois é a Padroeira da minha cidade natal, Campestre – MG, onde Johnny e eu nos casamos, na igreja Dela e sob Suas bênçãos.

*O andor dos festejos, na Paróquia de Santiago de Arzúa, em homenagem a Nossa Senhora do Carmo, ainda se encontrava ornamentado com as flores bem viçosas.*

Johnny me acompanhou até a saída da cidade, que me levaria hoje até o povoado de O Pedrouzo, distante 19 km. Feitas as orações de todas as manhãs, nos despedimos, e segui.

*Neste ponto, Johnny me deixou e retornou ao hotel para conclusão de seu novo livro sobre o Reiki.*

O Caminho hoje estava especialmente movimentado por Peregrinos de diferentes nacionalidades e diversos lugares da Espanha. Tive dificuldade até de encontrar um lugar para fazer a oração de agradecimento e bênçãos por tudo o que estava deixando para trás, mas encontrei o meu lugar e, depois disso, fiz também a visualização do "portal" da carta O Mundo.

*O Caminho, sempre maravilhoso, mas neste dia,*
*especialmente movimentado por Peregrinos de distintas nações.*

Novamente não consegui passar por Ele. Caminhei mais um pouco, com um fluxo grande de Peregrinos, enquanto ouvia muitos idiomas diferentes no entorno, remetendo-me, a todo o momento, à carta que estava vivenciando, o Arcano XXI, que trata exatamente desta união e integração com o mundo, do encontrar-se, da plenitude, da aceitação da vida, da harmonia entre corpo e espírito. De uma forma muito mais ampla, da harmonia entre as pessoas, entre os povos, da elevação da Humanidade e do entendimento de que somos todos Um. Ficando isso muito claro e perceptível no trecho a partir da cidade de Sárria, que é o trecho mínimo exigido pela Igreja Católica para a entrega da Compostela, documento oficial expedido pelo Vaticano aos Peregrinos, aumentando, desta forma, o fluxo de Peregrinos com o propósito de receber o documento.

*E, em meio à natureza exuberante do Caminho, eis que surge uma exposição de vendas de cajados, acessório de extrema importância para os Peregrinos.*

Já havia andado uns 4 km quando comecei a ter uma percepção diferente da carta O Mundo; não conseguia acessar o "portal", mas senti que ela entrava no meu "Coração", era como se meu "Coração" sugasse a Carta, feito um aspirador. Nesse momento, senti uma emoção invadir o meu peito, acho que fui conectando-me com a energia dos Peregrinos que passavam e falavam em vários idiomas diferentes, comecei a chorar, muito emocionada, pois eu que sempre falo, com todo orgulho e faço questão de enfatizar, de que sou de Campestre – MG – Brasil, de repente, senti-me Universal, em Unicidade, de lugar nenhum, mas de todos os lugares, assim como todos os Peregrinos que passavam por mim. Lembrei-me de uma música que gosto muito, do nosso querido cantor e compositor Oswaldo Montenegro, chamada "Coração de Todo Mundo", na qual ele diz: *"Coração de um Mundo inteiro, um abraço estrangeiro e tão familiar, até se encontrar..."*. E, também, de Charles Chaplin quando disse: *"Não me considero cidadão de nenhum país, em particular, sou um cidadão do mundo"*.

*Enquanto Caminhava, a paisagem do Caminho parecia "falar" comigo, trazendo maior entendimento ao que chegava ao meu coração.*

E, com esse sentimento em minh'alma, segui Caminhando até às 13h09min – quando resolvi parar no Caminho para registrar o que chegava ao meu coração.

*Neste local, parei para registrar o que chegava ao meu coração. Gratidão sempre!*

Passei, então, por vários povoados, a maioria sem nenhuma identificação, deixando-me um tanto quanto confusa, sem saber direito onde me encontrava. Passei por Salceda e Santa Irene, dois povoados que logo reconheci; fiz uma parada apenas para comprar água. Ao longo do Caminho, refleti sobre a percepção que tive, fiz as minhas orações no Rosário e percebi que o tempo todo a carta de O Mundo esteve em meu coração.

*Neste dia, especialmente, as flores pareciam "bailar" enquanto eu passava. Gratidão!*

Cheguei ao meu destino do dia, O Pedrouzo, com Johnny me recepcionando, dirigimo-nos ao hotel, tomei um banho, e seguimos para jantar em um restaurante próximo ao hotel, onde fomos muito bem atendidos por uma garçonete paraguaia e outra polonesa, muito atenciosas e simpáticas, imediatamente me remetendo ao Arcano O Mundo, um verdadeiro encontro de países. No caso da paraguaia, acho que o fato de sermos de países vizinhos a deixou um pouco saudosa. Falamos muito dos nossos países – Brasil e Paraguai –, ela nos contou um pouco da sua história e da sua saudade. Ao final de tudo, fizemos fotos e nos demos um "abraço estrangeiro, mas muito familiar", quando então, ela fez o seguinte comentário: *"A maioria das pessoas não sabem o que é isto, um verdadeiro abraço."* Seu comentário me remeteu a uma situação que Johnny vivenciou no povoado de San Juan de Ortega, onde ao desejar boa noite ao dono da pousada na qual nos hospedamos, disse: *"amanhã passarei para dar um abraço antes de ir embora"*, e ele, imediatamente e secamente respondeu: *"não precisa, dê um abraço em sua mulher"*. Achamos muito deselegante de sua parte, mas entendemos que ele ainda não havia aprendido o que é um "verdadeiro abraço estrangeiro", apesar de receber dezenas de Peregrinos de diferentes nacionalidades.

*No dia do Arcano O Mundo, nos unimos num abraço estrangeiro, mas muito familiar, Espanha, Brasil, Polônia e Paraguai se abraçando. Gratidão por este momento tão especial.*

E assim, deixei registrado mais um dia na vibração do Arcano O Mundo. Amanhã, meu 34 dia e último, desta Jornada, chegarei a Santiago de Compostela, meu destino final, ainda na vibração deste Arcano.

# O Caminho de O Mundo

## *De O Pedrouzo para Santiago de Compostela*

Hoje, pelo terceiro dia consecutivo, acordamos na vibração do Arcano XXI, O Mundo, neste que é o meu 34 dia de Caminhada, e o último dessa Jornada inenarrável. Por mais que eu tente escrever ou falar, nunca conseguirei expressar na íntegra tudo o que vivenciei.

Ao acordar e me dar conta de que seria o último dia dessa minha Jornada, confesso que fiquei triste e comecei, então, a me perguntar: e quando acabar esta vivência? Senti-me "sem chão".

*Da minha janela, eu cumprimentava mais um dia que me dava as boas-vindas.*

Saímos do hotel para tomar o café da manhã numa cafeteria ao lado dele, aliás, com uma garçonete muito simpática, o que fez com que o dia começasse de forma muito agradável.

*Café da manhã tomado, e muita energia para me levar ao tão esperado destino desta Jornada.*

Johnny, como todos os dias, muito gentil e cavalheiro, acompanhou-me até a saída da pequena cidade, onde fizemos nossas orações, nos abençoamos e segui o Caminho, que hoje me levaria ao meu destino final desta Jornada, Santiago de Compostela, distante 20 km. O Caminho foi tranquilo, com exceção dos primeiros 08 km, pois perdi o contato com o Johnny e acabei ficando um pouco preocupada, mas logo tudo voltou ao normal, nos falamos e vi que minha preocupação era um pouco exagerada, ele estava bem.

*A Jornada chegava ao fim, não sabia se ficava alegre ou triste.*

Nesses primeiros quilômetros, também fiz as minhas orações de agradecimento no Rosário e uma vez mais tentei atravessar o "portal" gigante do Arcano XXI, mas não consegui. Procurei não me estressar com esse fato, e segui refletindo a respeito de tudo o que estava vivenciando, sobre o que eu havia deixado para trás e, sobretudo, no que estava levando, e concluí que minha "bagagem" estava bem grande, ainda bem que este tipo de "bagagem" não pesa no avião... rsrsr.

Nesse trecho, passei por povoados muito pequeninos, San Antón, Amenal, San Paio, Labacolla e em Vilamaior; depois de 11 km Caminhando, fiz uma pequena parada para um descanso e fazer um lanche.

*Neste café, à esquerda, fiz uma breve parada.*

Após 20 minutos, segui para o próximo povoado, San Marcos, momento em que comecei a sentir no meu Coração o mesmo sentimento do dia anterior, uma energia de Unicidade, de Universalidade, me sentia infinitamente agradecida ao Pai e a todas as Forças do Universo que estavam se movendo para que eu estivesse ali naquele momento, por todas as pessoas que nos atenderam ao longo de toda a Jornada e senti, também, uma enorme compaixão por algumas pessoas que não foram tão gentis conosco. Claro que me emocionei e chorei muito com todos esses sentimentos transbordando no meu Coração! Não havia nada a fazer, senão agradecer.

*Aqui, passando por San Marcos, faltava pouco...*

E, em meio a esses sentimentos, atravessei o povoado de San Marcos chegando ao Monte do Gozo, um ponto mais alto, que abriga a Capela de San Marcos. É parada obrigatória aos Peregrinos; desse local, avista-se a cidade de Santiago de Compostela e faz-se uma pausa antes de Caminhar os últimos 05 km, até chegar ao tão esperado destino dessa Jornada. Fiz então a minha pausa; na igreja, acendi uma vela para o Johnny e outra para mim em agradecimento por todas as bênçãos recebidas até aquele momento, fiz fotos e continuei a descida.

*No Monte do Gozo, a parada na Capela de San Marcos.*

*Uma vela para o Johnny e outra para mim, de agradecimento.*

Às 16h50min, cheguei à praça onde se encontra a Catedral de Santiago de Compostela, Johnny já me aguardava. Eu, claro, completamente emocionada por chegar ao meu destino final depois de Caminhar diariamente, por 34 dias, perfazendo um total de 830 km. Quando olhei para a Catedral – imensa à minha frente –, senti que diante dela estava o "portal" gigante, tão gigante quanto ela e que entrar na Catedral seria passar pelo "portal", o que no meu Coração fez todo sentido. Todos os dias às 12h é celebrada a Missa dos Peregrinos, e a minha Missa seria a do dia seguinte, dia 19/07/2018, já que eu estava chegando no final da tarde na cidade. Neste momento, tive a percepção de que deveria continuar na vibração do Arcano O Mundo.

*Catedral de Santiago de Compostela, tão esperada, tão querida por todos. Gratidão!*

*Eu, completamente emocionada, não havia palavras.*

Após a alegria da chegada, com as emoções refeitas, seguimos para o hotel onde descansamos um pouco.

*Meu troféu de chegada, que ganhei do Johnny, uma almofadinha em forma de concha, um dos símbolos do Caminho.*

Ao sairmos para o jantar, procuramos um restaurante em torno da Catedral. A cidade estava muito lotada por Peregrinos do mundo inteiro, pois estávamos às vésperas da comemoração do dia do Padroeiro da cidade, Santiago, que é comemorado no dia 25 de julho. A cidade já estava repleta de festejos e, nesta noite, especialmente, acontecia um show de bandas internacionais, claro, vivenciando o Arcano O Mundo! Era muita sincronicidade, segundo Carl Gustav Jung.

O mundo estava representado ali, naquele pequeno espaço por pessoas de diversos países. Assistimos ao show encostados ao muro frontal da Catedral, onde eu visualizei o "portal".

*Um show de música internacional acontecia de frente para a Catedral.*

Em determinado momento, não aguentei, sentei-me ao chão – usando o muro de encosto –, e dormi; entreguei-me ao sono, ao cansaço, mas não me importava que estivesse na rua, estava feliz, queria que o tempo parasse, acordei com Johnny me chamando para irmos para o hotel.

*Em suas paredes me encostei e dormi na rua, até que Johnny me chamou.*

19/07/2018

# O Caminho de O Mundo

*Em Santiago de Compostela*
*A Missa do Peregrino*

Hoje, acordamos um pouquinho mais tarde que os outros dias, já que não haveria Caminhada. Tomamos o café da manhã, procurei me alimentar mais, pois, terminada a Caminhada, pesei-me e havia perdido 3 quilos, o que faz diferença, visto que sou de estatura baixa e magra. Após a refeição da manhã, fomos arrumar as malas, em função de que deixaríamos o hotel antes de irmos à Missa. Houve algumas alterações nos planos e, encerrados nossos compromissos do dia, seguiríamos numa rápida viagem a Portugal. Fato que não me causou espanto, uma vez que, vivenciando o Arcano XXI, aumentaria a chance, naquele momento, de Ele nos conduzir para outro país. Em torno de 09h15min, saímos do hotel em direção à *Oficina del Peregrino*, onde teria que apresentar minha Credencial de Peregrino, que carimbei ao longo da Jornada para receber minha Compostela (documento expedido pelo Vaticano que atesta que a pessoa cumpriu as exigências do Caminho de Santiago, que a considera Peregrina).

*Finalmente, a Compostela e o Certificado de Distância, uma alegria recebê-los.*

Omnes dies et noctes quasi sub una sollempnitate continuato gaudio ad Domini et apostoli decus ibi excoluntur. Valve eiusdem basilice minime clauduntur die noctuque, et nullatenus nox in ea fas est haberi atra (cf. Ap 21, 25), quia candelarum et cereorum splendida luce ut meridies fulget". (Códice Calixtino)

El Cabildo de la Santa Apostólica Metropolitana Catedral de Santiago de Compostela sita en la región occidental de las Españas, a todos los que vieren esta carta de certificación de visita, hace saber que:

Rita de Cássia Lima De Carli

ha visitado la Basílica donde desde tiempo inmemoral los cristianos veneran el cuerpo del Beato Apóstol Santiago.

Con tal ocasión, el Cabildo llevado del deber de caridad, al tiempo que con gozo, le dan al peregrino el saludo del Señor y piden -por intercesión del Apóstol- que el Padre se digne concederle las riquezas espirituales de la peregrinación, asi como los bienes materiales. Bendígalo Santiago y sea bendito

Dada en Compostela, Meta del Camino de Santiago, el día 19 del mes Julio del año 2018

Despues de realizar 799 Km Desde Saint Jean Pied de Port
donde comenzó el 15 de Junio del 2018 por la ruta del Camino Francés

Segundo L. Pérez López
Dean de la S.A.M.I. Catedral de Santiago

*Meu Certificado de Distância; iniciei em 15/06/2018 e completei em 19/07/2018, iniciei no dia do aniversário de meu amado pai e encerrei no dia do aniversário de 100 anos de minha amada avó materna.*

Capitulum huius Almae Apostolicae et Metropolitanae Ecclesiae Compostellanae, sigilli Altaris Beati Iacobi Apostoli custos, ut omnibus Fidelibus et Peregrinis ex toto terrarum Orbe, devotionis affectu vel voti causa, ad limina SANCTI IACOBI, Apostoli Nostri, Hispaniarum Patroni et Tutelaris convenientibus, authenticas visitationis litteras expediat, omnibus et singulis praesentes inspecturis, notum facit: Dnam

Margaritam a Cassiam Lima De Carli

hoc sacratissimum templum, perfecto itinere sive pedibus sive equitando post postrema centum milia metrorum, birota vero post ducenta, pietatis causa, devote visitasse. In quorum fidem praesentes litteras, sigillo eiusdem Sanctae Ecclesiae munitas, ei confert.

Datum Compostellae die 19 mensis Iulii anno Dni 2018

SIGILLUM CAPITULI BEATI IACOBI COMPOSTELLAE

Segundo L. Pérez López
Decanus S.A.M.E. Cathedralis Compostellanae

Códice Calixtino

Breviario de Miranda, siglo XV

*Minha Compostela, com o meu nome em latim (o nome Rita é diminutivo de Margarida).*

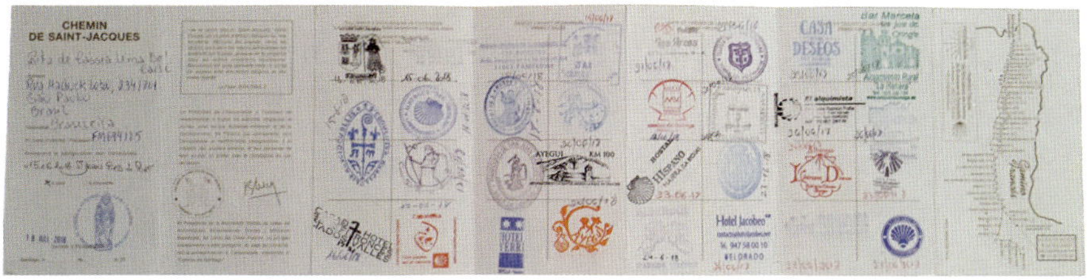

*Minha Credencial de Peregrino, que fui carimbando ao longo do Caminho, saindo da França, em Saint Jean Pied de Port, em 15/06/2018. Lado 1.*

*Minha Credencial de Peregrino, chegando a Santiago de Compostela em 19/07/2018. Lado 2.*

Às 10h30min, saímos da *Oficina del Peregrino* em direção à Praça do Obradoiro, que acolhe a bela Catedral, local de muita energia e diferentes emoções – ponto de chegada dos Peregrinos. Vê-los chegando, cada um com a sua história, com as suas dores, com os seus pés cansados, com o rosto magro e queimado pelo sol, com suas lágrimas de alegria banhando todo o seu rosto e a Fé que transborda naquele momento, tudo isso é emocionante de se ver! E pensar que, no dia anterior, era eu quem estava naquela condição; impossível não se emocionar.

*Momento especial, antes de entrar na Catedral para a Missa do Peregrino.*

Então, ao olhar para ela, via a carta do Arcano O Mundo, tão enorme quanto ela, à sua frente, como se fosse uma cortina de um fluido de plasma; mais uma vez, emocionei-me, chorei, agradeci, e entramos para aguardar a Missa; como chegamos mais cedo, conseguimos um lugar bem próximo ao altar para sentarmos. Enquanto aguardávamos o horário, fiz as minhas orações no Rosário e, claro, uma vez mais, em gratidão, ofereci este trunfo também à minha avó materna, Maria Alves de Castro, que, se estivesse entre nós, estaria completando neste dia 100 anos de idade. Pessoas do mundo inteiro iam chegando e ocupando os bancos, que não demorou em ficarem todos ocupados. O mundo inteiro estava ali – representado por todos nós; unidos num só propósito: o da gratidão – por estarmos ali, por termos conseguido chegar, apesar das adversidades que cada um, à sua maneira, teve que enfrentar; as dores, os medos, as bolhas nos pés, o frio, a chuva, o calor, o sol, as tempestades, tudo isto, nós Peregrinos enfrentamos, mas o confronto mais doloroso é quando, na solidão do Caminho, confrontamos a nós mesmos.

A Missa começou pontualmente às 12h, e eu já estava com as emoções à "flor da pele"; foi quando tive outra percepção do Arcano XXI. A Catedral tem o formato de uma cruz, onde na parte de cima dela está o altar, que o público não tem acesso; no lado esquerdo, no direito e na parte de baixo, estão dispostos os bancos para que as pessoas possam sentar-se. No local onde as duas partes da cruz se encontram, está a Nave Central da Catedral, de onde desce o turíbulo gigante – chamado de botafumeiro – no momento do Ritual do Incensário, realizado nesta Missa especialmente e dedicado aos Peregrinos; neste instante, tive a percepção de que as quatro figuras que estão nos cantos da carta O Mundo, que representam os quatro Evangelistas: Marcos, Mateus, João e Lucas, estavam cada uma num canto do formato da cruz. Foi emocionante sentir isso, percebi, então, que a Catedral era o próprio "Portal", e a carta do Arcano XXI se tornara holográfica, estava em três dimensões, e todos nós estávamos dentro dela em completa Unicidade. Naquele momento, éramos todos Um, e tudo ficava mais forte à medida que a Missa ia acontecendo e o sacerdote ia falando os nomes dos diversos países representados ali pelos Peregrinos; sendo a única Missa, que temos conhecimento, que é celebrada em diversos idiomas simultaneamente. Neste dia, foi em espanhol, inglês, francês e alemão, por sacerdotes de distintas nacionalidades. Ainda no que estava percebendo, eu via a figura central do "Ser" que está na carta de O Mundo flutuando sobre a Nave Central da Catedral e, naquele momento, vinha-me a imagem do Cristo Ressuscitado. Eu, é claro, assisti à Missa em prantos e muito emocionada diante da forte Energia com a qual me via envolvida durante todo o tempo da celebração da Eucaristia.

*O turíbulo gigante (botafumeiro) onde é feito o Ritual do Incensário, na Missa do Peregrino.*

Terminada a celebração, findaram também as percepções; fomos, então, à visita ao sepulcro do Apóstolo Santiago e de sua imagem que fica atrás do altar principal, um busto gigante, em metal cravejado de pedras. Local onde os Peregrinos passam, um a um, abraçando o busto, seja em gratidão ou fazendo ali os seus pedidos, e assim também o fizemos, Johnny e eu.

*O túmulo do Apóstolo Tiago, um momento de emoção.*

*O busto do Apóstolo Tiago que fica atrás da nave central, os Peregrinos passam nas suas costas, tocando e abraçando, fazendo seus agradecimentos ou pedidos.*

Saímos da Catedral, fomos almoçar e, em seguida, deixamos a cidade de Santiago de Compostela com destino a Portugal; uma viagem internacional que não estava nos planos, que entendi como fazendo parte da vivência do Arcano XXI, que, a todo o momento, Unifica. Estava dia claro, apesar de nublado, e a viagem correu bem até Portugal. Em função do verão e da latitude, eram 21h e ainda havia luz do dia quando aconteceu um fato muito interessante e também emocionante, que a meu ver encerrou a vivência com o Arcano XXI. O céu se manteve nublado o dia todo, mas no final do dia, entrando em terras portuguesas, as nuvens se abriram e deram lugar a um espetacular pôr do sol, o primeiro que vimos durante toda a nossa viagem desde a França. Foi muito lindo! A impressão que tivemos era que ele, o sol, coroava – ao mesmo tempo em que finalizava – esse meu trabalho com o Tarô. Por que em Portugal? Não sei, talvez porque neste país também tenho o meu livro *Tarô – Um Caminho de Autoconhecimento* publicado.

*Entrando em terras portuguesas, o céu se abre e nos brinda com um espetacular pôr do sol.*

*Este pôr do sol encerrou o meu dia de vivência com o Arcano O Mundo, e também a minha maravilhosa Jornada pelo Caminho de Santiago de Compostela.*

Dessa forma, foi a minha vivência com a carta O Mundo. Foram quatro dias na sua vibração, vivenciando diferentes faces da carta e todas me emocionaram e me trouxeram algum aprendizado mais profundo para agregar ao meu trabalho.

### *Conselho de O Mundo*

- Unicidade

O dia que os homens entenderem que não há espaço para a desigualdade, que somos todos Um, a Humanidade seguirá um Caminho de mais leveza, um Caminho de Amor!

*Minha homenagem à minha avó materna, Vó Maria, que faria 100 anos no dia que encerrei minha Jornada Espiritual em Santiago de Compostela.*

*Receba Vó querida, onde estiver, o meu Amor, Carinho e Gratidão por tudo o que recebi da senhora através de minha amada mãe, por todo o aconchego que sempre encontrei em seus braços, por todos os minutos da sua vida que me foram doados, incondicionalmente e simplesmente por Amor!*

*Amarei-te sempre, por toda a eternidade!*

## A Importância da Avó Materna

Entender a importância da avó materna é a chave para entender a transferência de informações e programas que carregamos inconscientemente durante toda vida.

Quando nossas avós estavam grávidas de nossas mães, o feto em formação já carregava os dois ovários que continham os óvulos com os quais ela iria se desenvolver. Um destes óvulos tem seu nome.

Este pequeno óvulo que está nos ovários de sua mãe, dentro do ventre de sua avó, recebe todos os impactos emocionais que esta senhora vivencia.

Nossas mães, como feto, e nós, como óvulos, estamos sujeitos a toda sorte de experiências traumáticas vividas por nossas avós maternas.

Esta é a essência do processo de transferência de informações.

Estes impactos emocionais estão relacionados à forma como foram vividas estas experiências, por exemplo: se era o momento adequado de ter filhos, se a gravidez foi desejada, se sentia protegida por seu marido, se havia suspeita de traição, se havia ninho (território), se haviam suficientes recursos financeiros, se as condições de saúde eram as adequadas, etc.

É importante ressaltar que as experiências em si mesmo são neutras apesar de sua carga de dramaticidade. O que é decisivo neste caso é a forma como cada um vê e experimenta cada circunstância. Ex.: se eu acho que estou sendo traído, meu inconsciente não quer saber se é verdade ou não, vive como real e ponto. Se meu marido passa o dia todo trabalhando eu posso viver esta situação como desproteção ou mesmo abandono.

Que necessidades biológicas não estavam cobertas pela avó no sentido de sobrevivência, proteção, valorização pessoal e de relacionamentos interpessoais?

Todas estas informações e muitas outras ficam gravadas em forma de engramas em cada célula do feto, das quais uma é você. É conhecido como memória celular.

Algumas vezes escutamos falar que a genética salta uma geração, aí está a explicação.

E por que a avó e não o avô?

Porque os espermatozoides se renovam a cada dia, ao contrário dos óvulos que permanecem os mesmos durante toda a vida adulta. Além disso, os óvulos carregam um tipo de informação que não está presente nos espermatozoides, o DNA mitocondrial.

E você, o que sabe da sua avó materna?

Fonte: http://carlosveigajr.com.br/a-importancia-da-avo-materna/

# Conclusão

E depois do Caminho?

À medida que ia me aproximando do meu destino, Santiago de Compostela, essa era a pergunta que fazia a mim mesma, a todo o momento. Muitas vezes desejei que o tempo parasse, para que nunca mais eu saísse do Caminho; outras vezes, chorei – por sentir um enorme vazio – pensando no que iria fazer depois do Caminho. Hoje, tenho uma melhor compreensão desses momentos.

O Caminho é um paradoxo, morremos nele. À medida que Caminhamos, vamos enterrando a nós mesmos, ao mesmo tempo em que Caminhando, vamo-nos desenvolvendo como a criança no útero materno; e, então, renascemos no Caminho. Aí, surgem inúmeros conflitos: como voltar à realidade? Como me enquadrar novamente em tudo que havia deixado antes de começar o Caminho? O fato é que nunca estamos preparados para este renascimento. Quando entramos Nele, racionalizamos o que gostaríamos de encontrar, porém, Ele vai aos poucos – e com toda paciência – conscientizando-nos do quanto somos pequenos, de que somos apenas mais um Peregrino, e que no Caminho somos todos iguais. Do mesmo modo, de que todas as "Forças do Universo" se movimentam em prol de Todos para que encontremos tão somente o que precisamos, o que, em geral, não temos conhecimento. Então, quando, aos poucos, isto vai chegando à nossa consciência, vamos enchendo-nos de graça e gratidão, ou seja, não encontramos o que buscamos e sim, o que necessitamos.

Quando terminei a minha Jornada, fiquei "sem chão", procurava por todos os cantos e sentia falta das tão marcantes "setas amarillas", um dos símbolos do Caminho. Durante 34 dias que Caminhei, elas fizeram parte da minha vida, me mostraram qual direção seguir, se, em algum momento eu me perdia, bastavam alguns minutos de introspecção, de calma, de silêncio e eu as encontrava, colocando-me novamente no Caminho certo, e quando isso acontecia, que alegria! Hoje, as "setas amarillas" continuam permeando a minha vida, vieram reforçar e me dar a certeza de que, cada vez que me encontrar sem direção, é no silêncio, na introspecção e na Oração que vou encontrar o Caminho certo.

Todos os acessórios, que carreguei ao longo da Jornada, me deixaram lições que levarei por toda a Eternidade. O cajado, em outras Peregrinações que tive oportunidade de fazer, sempre fiz questão que fosse de madeira, a fim de estar mais conectada com a natureza; sempre o carreguei em minha mão direita, onde tenho mais força, sempre achei que sua função era, exclusivamente, para me trazer segurança; até que num determinado momento do Caminho, nesta Jornada, uma "Força" me induziu a usá-lo na mão esquerda, mudando completamente meu paradigma. Conectei-me com meu lado esquerdo do corpo, com minha intuição, com o Coração, facilitando, desta forma, minha conexão com as "Forças do Alto", mostrando-me que o apoio que o cajado simboliza trata-se do "Apoio Espiritual", tão necessário no Caminho da Vida. Sem o nosso "cajado espiritual", ficaremos estancados, será impossível prosseguir. Hoje, olho para o meu cajado, guardado ao lado da minha cabeceira de cama, e agradeço por todo o ensinamento que recebi através dele.

Terminada a Caminhada do último dia, chegando a Santiago de Compostela, fui para o hotel onde iria arrumar as malas para o retorno ao Brasil; tive um choque ao olhar para elas, queria chorar, doar tudo, voltar para o Caminho, queria carregar o mínimo possível, o básico. O Caminho me ensinou que na mochila se carrega o necessário e, quando ela está vazia, aí sim, ela está cheia. A mochila que levamos no Caminho é uma grande "professora", ela vai "instruindo-nos" e, com sabedoria, conscientizando-nos do que realmente precisamos carregar ao longo da vida, que há pesos desnecessários – que muitas vezes sequer nos pertencem. Hoje, olho para minha mochila, também guardada, e penso no quanto ela me ensinou; sou muito grata, pois os seus ensinamentos ajudaram-me a deixar mais leve a minha "mochila da vida", mostrando-me que quanto mais vazia, mais cheia ela estará, facilitando, desta forma, minha conexão com o "Alto".

No Caminho nos deparamos com muitas dores, cansaços, bolhas nos pés, dores da alma, medos, inseguranças, lágrimas e risos; há trechos suaves, outros pesados. A seu modo, o Caminho vai, aos poucos, fortalecendo-nos; perdi peso ao mesmo tempo em que senti meu corpo mais forte. Percebi que fui sendo lapidada, como um cristal, senti meu espírito em festa porque, enfim, ele iria se mostrar. E, assim também é o "Caminho da Vida", que para nos lapidar também nos machuca, e não há outra maneira da nossa "Essência Pura" vir à Luz.

E, é esta transformação que é simbolizada pela Concha (vieira) que todo Peregrino carrega ao fazer o Caminho de Santiago.

Estou em constante gratidão pela oportunidade que recebi da Vida, pela Egrégora Espiritual do Tarô, que me permitiu vivenciar as distintas energias dos Arcanos Maiores ao longo desta Jornada – o que veio sedimentar e expandir a percepção que eu trazia sobre cada Arcano.

Hoje, 25/07/2019, dia de Santiago Apóstolo, data em que se comemora a identificação dos restos mortais do Apóstolo na Galicia – Espanha, e completando exatamente um ano que deixei Santiago de Compostela, após a minha Jornada Espiritual, eu encerro com muita alegria e muita emoção este meu trabalho, entregando-o finalizado ao editor para a impressão junto à gráfica. Emocionada, curvo-me em Gratidão, e o que mais desejo é entrar novamente no Caminho, pois, pode parecer loucura, mas como diria nosso Menestrel Oswaldo Montenegro, metade de mim ficou no Caminho e a outra metade também.

*"Buen Camino"!*

# Cursos e Atendimentos

Pessoas interessadas em realizar cursos e atendimentos de Tarô, poderão entrar em contato:

Rita de Cássia Lima De' Carli
E-mail: ritadecarli@gmail.com
Whatsapp: 11 9 9619-2769
Site: www.ritadecarli.com

Instituto Brasileiro de Pesquisas e Difusão do Reiki

São Paulo:
Alameda Santos, 2223 - conj. 52 – Cerqueira César
CEP: 01419-101 – São Paulo/SP – Tel.: 11 3062-9941 / 3062-9647

Rio de Janeiro:
Rua Siqueira Campos, 43 - salas 633/634 – Copacabana
CEP: 22031-070 – Rio de Janeiro/RJ – 21 2256-8267 / 2235-3142

Assista aos vídeos da minha Jornada no meu canal do Youtube

**Rita de Cássia Lima De' Carli**